Doris Rehrmann-Jørgensen
Marie-Luise von der Banck

Deutsch–dänische Geschäftskultur
Ein praxisorientierter Zugang

Doris Rehrmann-Jørgensen und Marie-Luise von der Banck haben 1992 zusammen das Sprachinstitut RE/BA – Institut für deutsche Wirtschaftssprache und Kultur gegründet und neben dem Unterricht Deutsch als Fremdsprache liegt ihr Schwerpunkt in dem Bestreben, bei Teilnehmern eine fremdkulturelle Kompetenz aufzubauen. Ihr Wissen über kulturspezifische Werte und Normen stammt sowohl aus umfassenden empirischen Untersuchungen als auch aus praktischen Erfahrungen im Geschäftsleben, die tiefe Einblicke in das Geschäftsgebaren in Deutschland und Dänemark gegeben haben und die sie im Unterricht, sowie in Seminaren und Vorträgen weitergeben.

INHALTSVERZEICHNIS

Vorwort	5
Dank	7
Kultur	9
Deutscher Geschäftspartner Aus dänischer Sicht	15
Dänischer Geschäftspartner Aus deutscher Sicht	17
Deutscher Verhandlungsstil Aus dänischer Sicht	21
Dänischer Verhandlungsstil Aus deutscher Sicht	25
Sicherheitsbedürfnis	29
Anredeverhalten	39
Haltung zu Status, Autorität und Hierarchie	53
Gross-Klein Problematik	65
Geschichtlicher Rückblick – Deutschland	73
Geschichtlicher Rückblick – Dänemark	89
Abschliessende Bemerkungen	103
Anmerkungen	107
Literaturliste	113

VORWORT

Das vorliegende Buch thematisiert deutsch-dänisches Geschäftsgebaren in interkultureller Perspektive. Die hier geschilderten kulturellen Besonderheiten basieren auf unseren umfassenden qualitativen Interviewuntersuchungen, vorgenommen im Zeitraum von 1989 bis 2010 (1).

Die qualitative Erhebungsform wurde von uns gewählt, da sie eine offene, jedoch auf Themen fokussierte, Interaktion zwischen den Befragten und uns ermöglichte und wir nuancierte und komplexe Erlebnisse der interviewten Geschäftsleute erfahren konnten. Diese Daten wurden durch Daten aus repräsentativen Untersuchungen ergänzt.

Das Buch ist als praktischer Ratgeber konzipiert und die primären Zielgruppen sind sowohl Geschäftsleute, die mit Dänen bzw. Deutschen zusammenarbeiten oder einen beruflichen Aufenthalt in dem jeweiligen Land planen als auch Studenten an Wirtschaftsseminaren, Wirtschaftsgymnasien und Hochschulen sowie Botschaften, Konsulate und interkulturelle Trainer.

Es ist unser Ziel, auf die kulturellen Unterschiede in geschäftlichen Interaktionen zwischen Deutschland und Dänemark aufmerksam zu machen und eine Sensibilisierung für die kulturellen Besonderheiten zu erreichen, damit Störungen und Fehldeutungen in der Kommunikation verringert werden.

Da es sich bei den Untersuchungen überwiegend um exemplarisches Datenmaterial handelt, sind die erfassten Daten nicht als selbständiges *"Beweismaterial"* anzusehen, sondern sie dienen lediglich als Indikatoren für kulturbedingtes Verhalten, die Tendenzen anzeigen. Wir können also lediglich sagen, dass das geschilderte Verhalten vorgekommen ist und vorkommen kann, aber über die Häufigkeit lassen sich keine validen Aussagen machen.

DANK

Wir möchten der ehemaligen Leiterin der Sprachabteilung des Goethe-Institutes Dänemark, Frau Ursula Kreher, für ihre freundliche Unterstützung danken, ebenfalls gilt unser Dank dem damaligen Leiter des Institutes für germanische Philologie an der Kopenhagener Universität Prof. Dr. Per Øhrgaard, der es uns Ende 1980 ermöglichte, mit einer, wie er es nannte, *"Pionierarbeit"* zu beginnen, mit dem Ziel die kulturellen Unterschiede zwischen Dänemark und Deutschland exemplifiziert an Interaktionen dänischer und deutscher Geschäftsleute zu erforschen.

Darüberhinaus danken wir dem damaligen Delegierten der deutschen Wirtschaft in Dänemark, Herrn Gerhard Glaser, durch dessen freundlichen Beistand uns die Türen zu den deutschen und dänischen Managern geöffnet wurden.

Unser Dank gehört desweiteren Ezio Pillon, der mit seinen humoristischen und teilweise enthüllenden Illustrationen unserem Buch eine heitere Note verliehen hat.

Bente Blytt danken wir ganz herzlich für den technischen Beistand beim Layout des Buches.

Ebenso gilt unser Dank Andrea von der Banck für die graphische Gestaltung der Gegenüberstellungen.

Nicht zuletzt möchten wir den zahlreichen Vorständen, Unternehmensleitern und Exportkaufleuten von dänischen und deutschen Unternehmen danken, dass sie uns ihre kostbare Zeit und Erfahrungen bereitwillig für unsere Untersuchungen zur Verfügung gestellt haben.

KULTUR

*"Vérité en-deça des Pyrénées,
erreur au-delà".
(B. Pascal, Pensées, Nr. 60)*

Verständigungsschwierigkeiten zwischen Menschen verschiedener Nationen sind nicht ausschliesslich auf die fehlende oder unzureichende Beherrschung der jeweiligen Landessprache zurückzuführen; auch wenn die Sprachbarriere als Störfaktor wegfällt, können Verständigungsprobleme auftreten. Viele Missverständnisse beruhen auf Unkenntnis der kulturspezifischen Unterschiede, die auf unterschiedliche Sozialisierungsprozesse zurückzuführen sind und sich daher im Alltag der Deutschen und Dänen und somit auch im Geschäftsleben bemerkbar machen.

Deutschland und Dänemark sind Nachbarn, und es gibt viele Ähnlichkeiten auch im Geschäftsgebaren, deswegen könnte man der Illusion erliegen, man kann das interkulturelle Gerät abschalten, aber das ist ein gefährlicher Irrtum. Mit den Klischeevorstellungen sind die meisten vertraut, und deshalb ist es nicht zufällig, dass bei der Charakterisierung der Deutschen immer wieder der Satz "*Ordnung muss sein*" und bei den Dänen der Satz "*Es wird schon gehen*" genannt wurde.

Kultur kommt im heutigen Sprachgebrauch in immer wieder neuen Wortkombinationen vor, z.B Organisationskultur, Arbeitskultur, Jugendkultur, Körperkultur, ja sogar Trinkkultur. Das Wort Kultur hat sozusagen Hochkonjunktur. Bei den genannten Wortkombinationen handelt es sich zwar um sehr heterogene Kategorien, aber letztendlich geht es um die charakteristischen Normen und Werte für diese Gruppen und Institutionen. Diese Normen und Werte will man durch das Kulturkonzept entweder bewahren oder ändern.

Der Sozialpsychologe Gert Hofstede definiert Kultur folgendermassen: "*Kultur ist die kollektive Programmierung des menschlichen Denkens*"(1). Wenn wir über kulturelle Unterschiede sprechen, dann geht es nicht um die Fragestellung: Was ist besser oder schlechter, sondern es geht um die Frage: Was ist anders? Ein deutscher Interviewpartner sagte das sehr treffend: "*Die Dänen ticken anders*". Es ist wichtig, herauszufinden, um bei dieser Wortwahl zu bleiben, wie der Andere tickt, aber ebenso wichtig ist auch die Bewusstwerdung, wie man selber tickt.
Unsere Kultur schreibt uns vor, was in gewissen Situationen als korrekt, seriös und gut bzw. schlecht angesehen wird. Innerhalb der eigenen Kultur erleichtert dieses Regelsystem die Kategorisierung und Voraussagbarkeit des Verhaltens der Gesellschaftsmitglieder. Abweichungen von der Norm werden als solche erkannt und kategorisiert. Wenn Dänen mit Dänen verhandeln, dann wissen beide Partner, was man erwarten kann, denn eine kollektive Geschichte und ähnliche Lebensbedingungen schaffen eine gemeinsame Erfahrungswelt, aus der sich intrakulturell - also innerhalb der Grenze einer gemeinsamen Kultur Ähnlichkeiten und interkulturell Unterschiede ergeben.

Hat man Kontakt zu Menschen aus einem anderen Land, deren Regelsystem man nicht kennt, greift man unbewusst auf das seiner eigenen Kultur zurück. Nicht selten kommt es so zu Irritationen in der Kommunikation und dazu, dass man in interkulturelle "*Fettnäpfchen*" tritt.

In Dänemark ist es beispielsweise üblich nach dem Essen "*Danke fürs Essen*" zu sagen, oder dass man sich bei Gesellschaften auch bei den anderen Gästen für den netten Abend bedankt und nicht nur bei den Gastgebern, wie in Deutschland. In Deutschland ist es nicht üblich "*Danke fürs Essen*" zu sagen. Man lobt die Kochkünste und bedankt sich für die Einladung, und zu den anderen Gästen, sofern es sich um eine neue Bekanntschaft handelt, kann man sagen, dass man sich gefreut hat, sie kennenzulernen. Nur bei den Gastgebern würde man sich für den netten Abend und die Einladung bedanken.

In der eigenen Kultur kann man zwar auch dem geltenden Regelsystem zuwiderhandeln, aber das ist dann eine bewusste Handlung und in der Regel kennt man die Sanktionen, die solch eine Handlung mit sich führen kann.

Jede Kultur hat eigene kulturelle Muster, die sehr zahlreich sind. Diese kulturellen Muster werden durch den Kommunikationsprozess erlernt und sie schaffen einen gemeinsamen Referenzrahmen. Kultur ist also ein kollektiver Lernprozess. Man wird nicht als Deutscher oder als Däne geboren, sondern man lernt nach und nach was das bedeutet.

Die Instanzen, die kulturelle Muster weitergeben, sind in der Regel die Familie, Schule und andere Institutionen. Diesen Prozess nennt man Sozialisation.

Der Einzelne erlernt im Sozialisationsprozess die kulturellen Muster der Gesellschaft kennen, aber er vereint nicht den ganzen Komplex der kulturellen Muster in sich, sondern nur einen Ausschnitt aus der Gesamtheit dieser Muster, abhängig von der sozialen Rolle, dem Alter, Geschlecht usw.

Sigmund Freud (2), der Kultur aus psychoanalytischer Sicht behandelt, spricht in Analogie mit dem Über-Ich (Gewissen) des Individuums, in dem die Normen der Familie verinnerlicht sind, auch von einem Kultur-Über-Ich, in dem die gesellschaftlichen Normen internalisiert werden. Deshalb ist es schwierig, eine Trennlinie zwischen individuellen und kulturell determinierten Zügen beim Individuum zu ziehen. In dem Sinne ist unsere Persönlichkeit sowohl individuell als auch kollektiv.

Damit die Normen eingehalten werden, hat jede Gesellschaft Sanktionen. Man spricht von formellen und informellen Sanktionen. Die formellen, das sind die gesetzlich festgelegten und die informellen, das sind die ungeschriebenen Gesetze, die Normen.

Im Geschäftsleben ist es wichtig, die Verhaltensmuster und Normen zu kennen, die im Geschäftsbereich zum Ausdruck kommen. In der Forschung geht man davon aus, dass die meisten Fehler nicht bei der Planung von Marketingstrategien entstehen, sondern in der Ausführung, d.h. im interpersonalen Bereich, in der Kommunikation. Geschäftskontakte sind menschliche Begegnungen und deshalb kommt es auf menschliches Verhalten an.

Da unser Verhalten zum grossen Teil kulturell bedingt ist, ist es wichtig, die kulturellen Gepflogenheiten zu kennen.

Kulturspezifische Unterschiede zwischen Deutschland und Dänemark sind zwar nicht so markant wie beispielsweise zu asiatischen Ländern, aber auch weniger markante Unterschiede können bei Unkenntnis derselben zu Störungen und Fehldeutungen führen. Nicht nur bei Erstkontakten ist der Aufbau einer Vertrauensbasis sehr wichtig und die erreicht man durch bessere Kenntnisse über Präferenzen und Denkweisen.
Die Nichtachtung der kulturellen Gepflogenheiten oder "*kulturelle Blindheit*" kann zu wechselseitigen Irritationen führen und erschwert die Kommunikation sowie die kulturelle Integration bei Fusionen erheblich. Bei qualitativ und preislich ähnlichen Produkten kann korrektes Verhalten ausschlaggebend bei der Vergabe von Aufträgen sein.

In Bezug auf kulturelle Unterschiede spricht Edward Hall (3) von "*hidden* differences" (verborgenen Unterschieden: unsere Übersetzung), weil sie auch den Akteuren selbst eher verborgen sind, deshalb ist auch eine Bewusstwerdung der eigenen Werte und Normen von grosser Bedeutung.

Da kulturelle Muster einen langen Werdegang haben und über eine gewisse Kontinuität verfügen, sollten die Entwicklung und die Beständigkeit von Normen und Werten in einem historischen Zusammenhang gesehen werden.

DEUTSCHER GESCHÄFTSPARTNER AUS DÄNISCHER SICHT

"Das grösste Problem in Deutschland und bei den Deutschen ist die fehlende Bereitschaft zu einem Kompromiss und den Willen eine schnelle Lösung zu finden, das existiert hier nicht so viel. Flexibilität auf allen Ebenen würde den Deutschen gut tun." (1)

Die Eigenschaften, die bei der Beschreibung des deutschen Geschäftspartners genannt werden, sind höflich, reserviert, gründlich, korrekt, sachkundig und sachorientiert. Durch die reservierte und formelle Art wirkt der deutsche Geschäftsmann nicht sehr offen, und erst nach längerer Bekanntschaft kann man annähernd die gleiche Offenheit und Ungezwungenheit erleben wie in Dänemark. Das hängt u.a. mit der Tatsache zusammen, dass man in Deutschland sehr zwischen privat und öffentlich unterscheidet. Bei ungezwungenen Anlässen können Deutsche sehr offen sein und über alles Mögliche reden, bei offiziellen Anlässen ist man höflich, aber formell. In diesem Zusammenhang wird auch oft von der Doppelheit des Deutschen gesprochen, auf der einen Seite von dem Urlauber und dem Freizeitmenschen - der privaten Person also und auf der anderen Seite von dem Berufs- und Arbeitsmenschen - der offiziellen Person.

Diese Doppelheit kommentierte ein dänischer Respondent folgendermassen: *"Wenn man in einer Besprechung ist, sind die Deutschen sehr resultatorientiert, sehr konkret auf die Sache konzentriert. Später nach der Besprechung hat man eine ganz andere Person vor sich. Viel entspannter – es ist als ob man 2 Modelle derselben Person hat, ein Arbeitsmo-*

dell und ein privates. Das erlebe ich viel mehr bei meinen deutschen Kollegen als bei anderen."

Der deutsche Geschäftsmann verrät nicht viel von seiner Persönlichkeit. Er gibt nur den Teil zu erkennen, den er in der Situation als passend empfindet und das ist die Rolle des formellen und höflichen Geschäftspartners. Er zeigt nur das, was er mit seinem Partner gemeinsam hat, nicht mehr. Der dänische Partner dagegen gibt durch Humor und Ironie mehr von seiner Persönlichkeit preis. Ein dänischer Respondent nannte den deutschen Geschäftsmann zu 2/3 faktaorientiert und 1/3 personenorientiert.

Der Deutsche wird als nicht sehr kompromissbereit empfunden, da er seinen Willen in einer oft bastanten Art durchsetzen will. Die dänischen Interviewpartner erklären sich dieses Verhalten dadurch, dass der deutsche Geschäftspartner häufig eine grosse Organisation im Rücken hat, aber es hängt sicherlich auch mit der gründlichen Vorbereitung der Deutschen zusammen, die andere Handlungsweisen zulässt, worauf wir später in dem Abschnitt Verhandlungsstil eingehen werden.

Auf die Frage, ob die Dänen eine bestimmte Taktik gegenüber deutschen Geschäftsleuten haben, wurde gesagt, dass man sich gründlich vorbereitet, teilweise aus sprachlichen Gründen, jedoch auch weil sie die Erfahrung gemacht haben, dass die Anforderungen an die gründliche Vorbereitung und die Fähigkeit alle Sachfragen beantworten zu können, höher sind als in Dänemark. Ausserdem wurde erwähnt, dass sie bestrebt sind, sich dem formellen Stil der Deutschen anzupassen.

DÄNISCHER GESCHÄFTSPARTNER AUS DEUTSCHER SICHT

Deutscher Respondent:

"Ich würde bestimmt sagen, der dänische Geschäftsmann ist informell und pragmatisch. Aber das Problem ist - und wenn ich es nun mal negativ ausdrücke und so kommt es manchmal in Deutschland an - ein bisschen hemdsärmelig. Das macht keinen besonders aufgeräumten Eindruck. Vieles ist nicht ordentlich strukturiert. Aber das deutsche Unternehmen braucht bestimmte Regeln, und da hat man von dänischer Seite oft eine andere Auffassung, wie stark die Regeln sein sollen."

Der dänische Geschäftspartner wurde als fairer und kompetenter Partner bezeichnet. Als weitere Attribute werden seine Flexibilität und seine Offenheit genannt. Der Umgang mit dänischen Geschäftsleuten wird als informell, personenorientiert und nicht aggressiv erlebt.

Ein deutscher Respondent erklärte die flexible Art des dänischen Geschäftspartners folgendermassen: *"Die Dänen sind weniger kompliziert als wir, z.B. kann eine Besprechungseinladung kurz und kurzfristig sein, nicht Einladung, Confirmation, Re-Confirmation."*

Die informelle und lässige Art der Dänen kann von deutschen Geschäftsleuten auch missverstanden werden, und negativ ausgelegt, einen unprofessionellen und inkompetenten Eindruck hinterlassen. Das folgende Zitat eines deutschen Respondenten verdeutlicht die Haltung zu lockeren Umgangsformen in geschäftlichen Situationen und zeigt gleichzeitig die Trennung von Privatem und Öffentlichem in Deutschland. *"Die Dänen haben diese Lockerheit, viel weniger steif und formell. Das kreiden wir ihnen an. Unser deutsches Management hat andere Spielregeln. Lockerheit ist sicher sympathisch, aber es kommt auf die Situation an. Nach getaner Arbeit, abends bei einer Flasche Wein, da ist sie sicher angebracht."*

Diese Trennlinien zwischen der privaten und offiziellen Person sind in Dänemark verwischt. Der dänische Auslandskorrespondent Hugo Gården, der geraume Zeit in Frankfurt am Main gelebt hat, sagt: *"Der Däne ist 24 Stunden lang derselbe"*(1), obwohl das sicherlich auch differenzierter gesehen werden muss, denn es gibt auch Unterschiede zwischen dem dänischen Privat- und Arbeitsmenschen, aber die Trennung ist nicht so markant wie in Deutschland.

Das äussere Erscheinungsbild scheint auch manchmal nicht ganz dem deutschen Standard zu entsprechen, wie nachstehendes Beispiel verdeutlicht.

FALLBEISPIEL:

Der Vorstand aus Deutschland war zu einer Besprechung mit dem dänischen Management angereist. Es war ein sehr heisser Sommertag. Die deutsche Delegation war formell gekleidet, im Anzug und trotz Hitze mit Krawatte. Vom dänischen Management kamen eine Dame und ein Herr, sie im leichten, kurzen Sommerkleid, in Sandalen ohne Strümpfe. Der Herr im weissen Hemd und dunkler Hose, die Ärmel hochgeschlagen, offener Kragen. Auf dem Rückweg fielen negative Bemerkungen über die Kleidung bei der deutschen Delegation. Man fand die Kleidung für die Betroffenen sicherlich sehr angenehm, aber in der Situation nicht angebracht.

Hier spielt die Hierarchie auch eine grosse Rolle. Bei einer Besprechung unter Kollegen, die auf der Hierarchieleiter nicht so hoch angesiedelt sind, kann die Kleidungsfrage auch lässiger gehandhabt werden, aber Besprechungen auf der höchsten Ebene, wenn der Vorstand zugegen ist, sind in der Regel sehr formell und da gehört der Anzug mit Krawatte zum guten Ton und bei Frauen das Kostüm oder auch ein Anzug, jedoch nie ohne Strümpfe und nur mit Sandalen, egal wie heiss der Tag ist. Wenn der Statushöchste jedoch sein Jackett auszieht und die Krawatte lockert, dann dürfen auch die anderen Beteiligten dem Beispiel folgen.

Der Ideenreichtum von dänischen Geschäftsleuten wird häufig lobend erwähnt, aber auch mit negativen Zügen in Verbindung gebracht. Genannt wird eine Tendenz zur Selbstüberschätzung sowie einer Unwilligkeit, sich anderen Sitten anzupassen.

Die Taktik der Deutschen gegenüber dänischen Geschäftspartnern: Strukturiert arbeiten, diplomatisch verhandeln und da man sich durchaus der Wirkung des deutschen Geschäftsmannes auf seine Partner bewusst ist, wurde hervorgehoben, dass man nicht als deutscher Steuerer auftreten solle, da das in Dänemark negatv aufgefasst werde.

Der deutsche und dänische Geschäftspartner in der Gegenüberstellung:

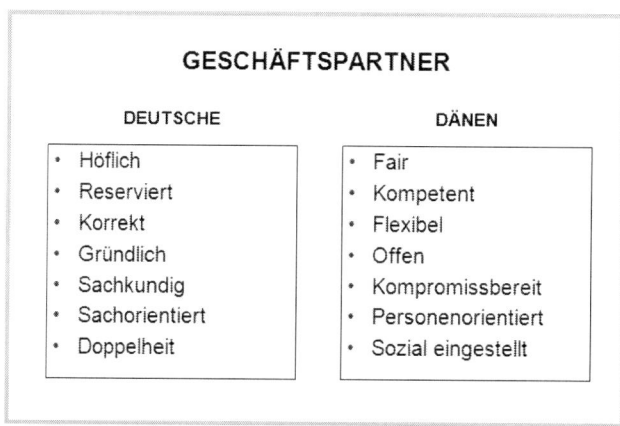

GESCHÄFTSPARTNER	
DEUTSCHE	**DÄNEN**
• Höflich	• Fair
• Reserviert	• Kompetent
• Korrekt	• Flexibel
• Gründlich	• Offen
• Sachkundig	• Kompromissbereit
• Sachorientiert	• Personenorientiert
• Doppelheit	• Sozial eingestellt

DEUTSCHER VERHANDLUNGSSTIL
AUS DÄNISCHER SICHT

Deutscher Repondent:

"Der Verhandlungsstil ist härter in Deutschland. Wenn man hier in Dänemark etwas bestellen will, dann wird nicht so viel gekämpft, um Kleinigkeiten durchzuführen. Der Deutsche ist mehr Mathematiker, da baut man nicht nur auf Vertrauen. Er richtet sich mehr nach seinen Ausrechnungen. Die Dänen sind da etwas leichtsinninger."

Eine Verhandlung in Deutschland ist korrekt, höflich und auf die Sache konzentriert. Eine häufige Bemerkung war: In Deutschland kommt man wie in den USA schnell zum Kern der Sache.

Geschäftsverhandlungen sind immer sowohl sozial als auch rein geschäftlich. Der soziale Aspekt in Form von Small Talk, der den Geschäftspartnern einen kurzen, oberflächlichen Einblick in die Privatsphäre erlaubt, ist in Deutschland auf Höflichkeitsphrasen am Anfang und Ende einer Verhandlung reduziert. Ausserdem wird hier die Aufteilung in einen persönlichen und geschäftlichen Teil deutlich. Deutsche Verhandlungen sind in erster Linie projektorientiert, die Personen treten in den Hintergrund. Wenn die Sache diskutiert wird, geht es nur darum. Witzige Zwischenbemerkungen gelten als unseriös, die sollten für die Pause aufbewahrt werden.

Auf interpersonaler Ebene wird dieser Verhandlungsstil als unpersönlich, steif und formell gedeutet und auch kritisiert, weil durch diese Art der Verhandlungsführung kein positiver Erfahrungsaustausch zustande kommt, von dem beide Seiten profitieren könnten. Die Anredeform Sie mit Nennung von Herr bzw. Frau und Nachnamen und ggf. Titel unterstreicht die formelle Atmosphäre.

Die Effektivität des deutschen Verhandlungsstils wird von den dänischen Interviewpartnern teilweise positiv bewertet, da Ziele und Problemstellungen im Voraus definiert sind und man ein detailliertes Verhandlungskonzept hat. Der Deutsche ist generell sehr gut vorbereitet und kann deshalb auch strategisch klug vorgehen und man erwartet von einer Verhandlung konkrete Resultate. Wenn es um komplizierte technische Daten geht, wird auch ein Experte bei der Verhandlung zugegen sein, damit auch technische Fragen schnell geklärt werden können.

Viele Dänen gehen in eine Verhandlung mit einer vagen Zielsetzung. Das Ziel ist in groben Zügen klar, aber wie es erreicht wird, dafür ist oft kein konkretes Konzept vorhanden.

Negativ betrachtet kann dieser Verhandlungsstil auch als Dominanzstreben der Deutschen verstanden werden: Man kommt mit einem fertigen Konzept, das gibt dem Verhandlungspartner nicht viel Spielraum und er kann schlimmstenfalls den Eindruck bekommen, dass die Absicht, den Geschäftspartner in die Enge zu treiben, dahintersteckt. Von den Deutschen jedoch wird der gegliederte Gesprächsablauf und die pedantische Einhaltung der Agenda, sowie die gute Vorbereitung, als korrekte Arbeitsweise angesehen.

FALLBEISPIEL:

Ein dänisches und ein deutsches Team, deren Firmen vor kurzem fusioniert haben, treffen sich zu einer Projektsitzung in der deutschen Muttergesellschaft. Vor dem Besuch haben die Deutschen den dänischen Kollegen eine Agenda zugeschickt. Während des Besuches in der deutschen Muttergesellschaft versuchen die Dänen eine entspannte Atmosphäre zu schaffen, d.h. man schweift im Laufe der Verhandlung immer wieder ab und macht auch ein paar ironische Bemerkungen über die Zukunftsaussichten der dänischen Tochtergesellschaft, die alles andere als rosig aussehen.

Die Deutschen versuchen, die einzelnen Punkte der Agenda der Reihe nach zu erledigen. Die Dänen betrachten die einzelnen Punkte als Ganzes und diskutieren die Problemstellungen, um gemeinsam mit dem deutschen Kollegen eine Lösung zu finden. Die Deutschen haben schon im Vorfeld die einzelnen Lösungsmöglichkeiten bearbeitet und Konsequenzberechnungen durchgeführt.

Das dänische Team ist verärgert, weil die Deutschen schon mit einem fertigen Paket ankamen, und sie fühlen sich von den Deutschen übergangen und deuten dieses Verhalten als rechthaberisch und Ausdruck für deutsches Dominanzdenken.

Beide Parteien sind verärgert. Was ist schiefgelaufen?

Die Ironie der Dänen wird von den Deutschen als unseriös aufgefasst. Das dänische Team erwartete eine Diskussion der verschiedenen Möglichkeiten, um gemeinsam eine Lösung zu finden. Das deutsche Team war verärgert über die, nach deutschen Normen, schlampige Vorbereitung.

Generell wird der Verhandlungsstil in Deutschland härter aufgefasst. Das wird von deutschen Respondenten bestätigt, die sagen, dass sie sich für deutsche Verhandlungen besser oder gründlicher vorbereiten als für dänische. Wenn man in Deutschland nicht alle Fragen beantworten kann, besteht schlimmstenfalls die Gefahr, als inkompetent abgestempelt zu werden.

Der Zeitfaktor scheint in Deutschland auch eine grosse Rolle zu spielen, denn das im Vorhinein detailliert festgelegte Verhandlungskonzept erlaubt einen zeitlich straff durchgeführten Verhandlungsstil. Der Deutsche hat grossen Respekt vor der Zeit und dem Kalender. Den abgesprochenen Zeitraum für eine Verhandlung sollte man nicht überschreiten.

Von den Respondenten wird wiederholt hervorgehoben, dass man sich an die Spielregeln des Kunden halten muss, und dass der dänische Verhandlungsstil sich nicht übertragen lässt. Der deutsche Kunde verlangt eine Anpassung an seine Methoden. Das bedeutet für den dänischen Geschäftsmann in erster Linie eine sehr gründliche Vorbereitung und eine sachbezogene Verhandlungsführung.

DÄNISCHER VERHANDLUNGSSTIL AUS DEUTSCHER SICHT

Deutscher Respondent:

"Hier in Dänemark fällt man nicht mir der Tür ins Haus. Man hat erst ein informelles Gespräch über alles Mögliche, dann spricht man ein bisschen über Erfahrung und über die Produkte. Das ist für die Dänen ein guter Ausgangspunkt für ernstliche Verhandlungen. Das private Gespräch ist also auch sehr wichtig."

Die deutschen Respondenten bezeichnen den dänischen Verhandlungsstil als persönlich, informell und locker. Die Anredeform Du unterstreicht den informellen Charakter und baut Barrieren ab. Hervorgehoben wird ebenfalls, dass Verhandlungsgespräche weniger strukturiert sind, was die Diskussionsphasen verlängert.

In Deutschland sind Verhandlungen formeller und hierarchischer. Da verhandelt nur der Chef mit dem anderen Chef. Die Gleichrangigkeit der Verhandlungspartner ist in Dänemark nicht so wichtig, jedoch sollte man hier auf die persönliche Atmosphäre eingehen.

Der dänische Verhandlungsstil wird als locker und entspannt empfunden, weil man mehr Small Talk hat und auch humoristische Bemerkungen erlaubt sind. Das kurze Abschweifen während der Verhandlung wird nicht als unseriös angesehen. Insbesondere die Anfangsphase kann dadurch in Dänemark länger sein als in Deutschland, da man eine entspannte und persönliche Atmosphäre schaffen möchte.

Der detailliert gegliederte Gesprächsablauf, in dem die einzelnen Punkte der Reihenfolge nach besprochen und abgehakt werden, ist eher die Ausnahme in Dänemark. Man ist improvisationsfreudig, allerdings sollten Dänen aufpassen, denn hier kommt es auf die Dosierung an. Dieser Punkt kann leicht negativ verstanden werden und auf Deutsche unseriös wirken, da ihr ausgeprägtes Bedürfnis nach Sicherheit verletzt wird (s. Abschnitt Sicherheitsbedürfnis).

Der Gesprächsablauf ist verglichen mit dem deutschen unstrukturierter in seiner Art, man hat kein fertiges Paket, zwar eine Idee, was noch akzeptabel ist, hat das aber nicht vorstrukturiert. Das kann ein Nachteil für den dänischen Geschäftspartner bedeuten, weil die anderen Teilnehmer immer schon zwei Schritte weitergedacht haben und er möglicherweise gezwungen ist, Kompromisse einzugehen.

Die erlebten Unterschiede kommentiert ein deutscher Respondent folgendermassen: *" Aber eines habe ich auch gelernt, wenn ich hier zu einer Projektsitzung angekommen bin und erwartet habe, dass die Projektsitzung vorbereitet ist, wo man hinkommt und die Punkte abhakt. Das war nicht der Fall. Man sass da sehr, sehr locker am Tisch. Man hat zwar irgendwie über alles gesprochen, aber es war unstrukturiert in seiner Art."*

In dänischen Verhandlungen hat man eine längere Diskussionsphase, jeder will zu Wort kommen, das wird häufig mit dem dänischen Verständnis von Demokratie in Verbindung gebracht. Es hängt sicherlich mit der Tatsache zusammen, dass der Däne vorzugsweise in der Diskussion mit dem Partner zu einem Ergebnis kommen möchte. Der dänische Verhandlungsstil wird häufig mit dem holländischen verglichen: eine Verhandlung, wo beide Partner Zugeständnisse machen, um den bestmöglichen Weg für beide zu finden, um eine Win-Win-Situation zu erreichen.

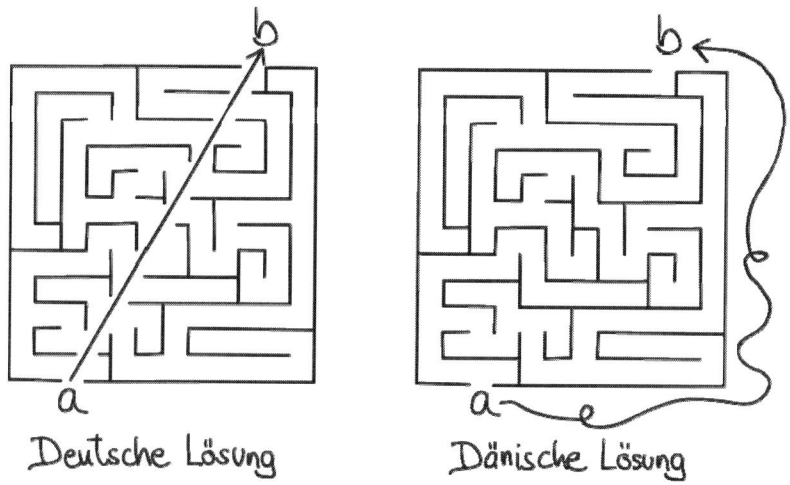

Präferenzen der Dänen:

Der dänische Geschäftsmann bevorzugt einen personenorientierten informellen Verhandlungsstil, der nicht nach formalen Regeln, sondern situativ spontan verläuft. Selbstverständlich ist man auch professionell und will seine Ziele erreichen, aber man möchte gleichzeitig eine lockere und entspannte Atmosphäre schaffen.

Präferenzen der Deutschen:

Der deutsche Geschäftsmann bevorzugt einen fest strukturierten Verhandlungsstil, in dem die eigentlichen Verhandlungsthemen Vorrang haben und die informellen Beziehungen nicht gefördert werden.
Es hat den Anschein, dass die Verhaltensweise des dänischen Geschäftsmannes nicht nur auf die professionelle Rolle seines Geschäftspartners abzielt, während der Deutsche mehr auf die Rolle und den Status des Partners fixiert ist. Deswegen kann ein persönlicher und humorvoller Verhandlungsstil von Deutschen missverstanden und leicht als unseriös aufgefasst werden.

Erwartungen in Deutschland:

Konsequent durchgeführter, sachbezogener Verhandlungsstil, in dem der soziale Aspekt in den Hintergrund tritt.

Erwartungen in Dänemark:

Ein entspannter Verhandlungsstil, in dem das Abschweifen vom eigentlichen Sachverhalt nicht als negativ aufgefasst wird, sondern zur informellen Atmosphäre beiträgt.

Verhandlungsstile in der Gegenüberstellung:

VERHANDLUNGSSTIL

Deutschland	Dänemark
• Direkt	• Lange Diskussionsphasen
• Sachbezogen	• Persönlich
• Formell	• Informell
• Effektiv	• Los strukturiert

SICHERHEITSBEDÜRFNIS

Deutscher Vorstand:

"Die Dänen sind Spielernaturen, die schneller mal ein Risiko laufen."

"Ich kann mir nicht vorstellen, dass Gott mit Würfeln spielt,"

soll der deutsche Physiker Albert Einstein zu seinem dänischen Kollegen Niels Bohr bei einer ihrer zahlreichen Diskussionen gesagt haben.(1)

Laut dem empirischen Material zeigen sich bezüglich des Sicherheitsbedürfnisses markante Unterschiede zwischen den deutschen und dänischen Geschäftsleuten. Diese kulturelle Andersartigkeit tritt als ein nicht übersehbarer Faktor, teilweise auch recht bedeutender Störfaktor, in dem deutsch-dänischen Geschäftsgebaren auf.

Sowohl die dänischen als auch die deutschen Respondenten beschreiben das Verhalten der dänischen Geschäftsleute als improvisationsreicher und risikobetonter als das der Deutschen unabhängig davon, ob es sich um Kunden-Verkäuferrelationen oder um Kollegen bei fusionierten Firmen oder Niederlassungen handelt. Eine Verhaltensweise mit denen sich offensichtlich nur wenige der deutschen Interviewpartner anfreunden können.

Davon zeugte die Aussage eines deutschen Managers: *"Ich habe vom Vorstand der deutschen Muttergesellschaft gehört, die Dänen machen doch was sie wollen, weil sie sich offensichtlich nicht angepasst haben, zumindest nicht, wie erwartet. Da ist es schon zu Verstimmungen gekommen, sie meinen, sie seien initativreich, wir würden erfinderisch sagen. Vielleicht hat es mit ihrer pragmatischen Art zu tun. Man hält sich nicht an alle Regeln nach dem Motto, das geht schon. Die Risiken werden ausgeblendet."* Ein weiterer betonte: *"Wir sind sehr planerisch und methodisch. Klare Tagesordnung, klare Strukturierung, die Deutschen handeln sehr strukturiert, dadurch sind wir auch vielen überlegen. Denn wenn man zu künstlerisch agiert, dann ist der Erfolg auch mehr zufällig."*

Der positive Effekt der dänischen Handlungsweise wurde von einigen deutschen Interviewpartnern erkannt und als vorteilhaft bewertet. *"Durch ihre höhere Flexibilität bzw. Risikobereitschaft sind sie im Vorteil, sie bewegen sich schneller von Idee zur Handlung"*, meinte ein deutscher Respondent.

Diese Äusserung deckt sich weitgehend mit den Aussagen der dänischen Geschäftsleute, obwohl sie sich bewusst sind, dass sie durch ihr Verhalten in Schwierigkeiten geraten können. Ein dänischer Manager konstatierte: " *Wer sich für eine Idee, oder sagen wir Entscheidung, ohne langes Hin und Her einsetzt und durchführt, kann auch ein Fiasko riskieren.*" Laut der Meinung der dänischen Interviewpartner scheinen die deutschen Geschäftspartner, dieses Risiko nicht in Kauf nehmen zu wollen.

Dem stimmten die deutschen Interviewparter zu: "*Man kann sich entscheiden, ob man darin ein Chancen- oder Risikoszenario sieht, aus deutscher Sicht ist diese Handlungsweise unerwünscht und inakzeptabel.*" Ein weiterer Respondent meinte: "*Wir sind mehr traditionell, wir haben eine andere Struktur. In Dänemark wird durch informelle Lösungen schneller gehandelt ohne lange Rückfragen. So geht es bei uns nicht, wir haben einen abgegrenzten Kompetenzbereich.*"

Die Untersuchung macht deutlich, dass man sich in Dänemark generell in einem grösseren Rahmen bewegen kann und darf als in Deutschland. Das heisst, man entscheidet schneller und zeigt eine grössere Bereitwilligkeit Sachfragen zu klären – ohne, dass z.B. der Vorgesetzte vorher gefragt werden muss. Das illustriert die Aussage eines dänischen Verkaufsdirektors: "*Wir arbeiten auch ausserhalb des Rahmens, z.B. bei der Preissetzung, selbst wenn wir den Preis nicht 100% genau setzen können, dann doch 97,98 %, aber dann können wir den Auftrag unterzeichnen und wir haben einen zufriedenen Kunden. Das traut sich der Deutsche nicht, denn man könnte ja Probleme bekommen. Sie sind einfach dadurch weniger flexibel.*"

Die dänischen Respondenten weisen darauf hin, dass man in Dänemark weniger Wert auf Formalitäten legt und den dänischen Mitarbeitern eine grössere Entscheidungsfreiheit gewährt als in Deutschland. Demzufolge haben sie grössere Möglichkeiten, mehr Verantwortung zu übernehmen. *"Das Problem sollte da gelöst werden, wo die Kompetenz und die Verantwortung liegt, dass kann doch nicht immer nur ganz oben sein"*, wunderte sich ein dänischer Respondent. Ein dänischer Manager betonte: *"Wir haben eine freiere Hand hier in Dänemark, das wird mir immer besonders klar, wenn ich mich einige Tage in unserer Muttergesellschaft in Deutschland aufhalte, da gibt es ziemlich viele Regeln, aus denen ich versuche, klug zu werden."*

Die freiere Handhabung von Entscheidungen wird von den meisten dänischen Managern und Vorständen unterstützt und nicht als negativ bewertet, wie das bei ihren deutschen Geschäftspartnern oft der Fall ist. Im Gegenteil laut ihren Aussagen schätzen sie es, wenn ihre Mitarbeiter gewisse Entscheidungen ohne zeitaufwendige Rückfragen treffen, da sie unter dieser Form des Handelns eher Durchblick und Effektivität verstehen. Ihrer Meinung nach geht es hier um ein Vertrauensverhältnis zwischen der Geschäftsleitung und den Mitarbeitern, das erfahrungsgemäss äusserst selten missbraucht wird. Ein dänischer HR-Direktor betonte: *"Ich kann Entscheidungen treffen und später informieren. Wenn ich sie getroffen habe, unterschreibe ich sie, das ist meine Unterschrift und meine Verantwortung."* Er sieht da einen grossen Unterschied zu den deutschen Kollegen: *"Sie unterschreiben nicht so schnell. Meiner Meinung nach wird dadurch die eigene Initiative gequält. Eine 100%ige Sicherheit ist oft zu teuer gekauft."* Ähnlich konstatierte ein Däne, der für eine deutsche Niederlassung arbeitet: *"Wir könnten weiterkommen, wenn wir weitergehen dürften."*

Den deutschen Interviewpartnern ist die dänische Handlungsweise insbesondere *"gewöhnungsbedürftig"*, wenn die dänischen Partner im mittleren Management oder darunter recht bedeutende Arbeitsaufgaben planen und auch durchführen dürfen. Ein deutscher Interviewpartner meinte: *"Meine Erfahrung ist, wenn wir z.B. einem Kunden gegenübersitzen und ein Thema, was vorher nicht geklärt ist, aufgeworfen wird, geht der dänische Kollege tendenziell weiter, ohne sicher zu sein, ob er das entscheiden darf. So würden wir nicht handeln."*

Die dänischen Interviewpartner sehen in dem deutschen Verhalten eine *"schlechte Angewohnheit"*, wie es ein Däne augenzwinkernd ausdrückte. Ein dänischer Manager meinte : *"Man kann es Risikobereitschaft oder selbständiges Denken nennen. Wenn man Beschlüsse tätigt, kann auch ein Fehler unterlaufen und da liegt der Unterschied zwischen Deutschland und Dänemark. Wenn man in Dänemark von 10 Entscheidungen 8–9 richtige trifft, dann ist es okay, in Deutschland müssen es 11 sein."* Hin und wieder sehen die Dänen ihre eigene Handelsweise aber auch selbstkritisch: *"Wir sind vielleicht auch manchmal zu lässig, wir benötigen ein bisschen mehr Stringenz"*, konstatierte ein dänischer Geschäftsleiter.

Die Untersuchungsdaten zeigen, dass sich die dänischen Geschäftsleute generell mehr als ein Teil einer Gruppe ohne strenge Strukturen und Regeln verstehen, die auch die Verantwortung für fehlgeschlagene Geschäfte mitträgt und gegebenenfalls mit der Rückendeckung ihrer Vorgesetzten rechnen können. Während die Deutschen dazu neigen, sich in ähnlichen Situationen abzusichern, indem sie erst mit dem ausdrücklichen Akzept ihres Vorgesetzten Entscheidungen treffen. Sie bevorzugen detaillierte Strukturen und Regeln und achten darauf, nicht angreifbar zu sein.

Schriftliche/Mündliche Festlegung

Die Deutschen legen generell grösseren Wert darauf, Absprachen schriftlich zu fixieren – wogegen die Dänen im Grossen und Ganzen immer noch die mündliche Zusage als ausreichend ansehen. Handelt es sich um Verträge gelten die gleichen Verhaltensweisen.

Der deutsche Geschäftspartner gilt als kontraktmässiger als der dänische und als sehr korrekt, für ihn ist die schriftliche Fixierung von Themen und Absprachen wichtig - am liebsten schon vor der Besprechung. Will man etwas durchsetzen, muss dieses auch dokumentierbar sein. Man möchte alles schwarz auf weiss haben.

Einige der Dänen sehen eine Stärke darin, dass die Deutschen mündliche Absprachen, Verhandlungsresultate, Protokolle und dgl. schriftlich festhalten. Dadurch würden sie die Kontrolle behalten. Man umgehe auch Situationen wo man gezwungen sei nachzufragen, was eigentlich abgesprochen wurde. Generell ist die Einstellung zu den vielen und formelleren Schreiben der Deutschen jedoch negativ, davon zeugen die Aussagen eines gesammelten dänischen Managements von einem deutsch/dänischen Unternehmen. Sie beklagten sich darüber, dass sie nach der Fusion der Unternehmen in Papieren untergehen würden.

Für die Dänen sind die vielen schriftlichen Anmerkungen, die sie von den Deutschen bekommen erstaunlich, da sie diese Art des Schriftverkehrs meistens mündlich erledigen. Dem stimmten die deutschen Respondenten zu, ein Interviewpartner meinte: *"Wir schreiben mehr. Von den Dänen bekommen wir ganz knapp zurück. Ich glaube nicht, dass ich von einem Dänen eine schriftliche Bestätigung einer mündlichen Absprache bekommen würde, was ich schon täte."*

Die deutschen Interviewpartner sehen die Tendenz der dänischen Geschäftsleute zu mündlichen Vereinbarungen eher kritisch. Sie weisen auf die Gefahr von Unstimmigkeiten zwischen den Partnern hin, wenn im Zweifelsfall die Absprache nicht dokumentiert werden kann und meinen selbst, dass sie nicht gewillt sind, offene Flanken zu bieten. Aus diesem Grunde sichern sie sich schriftlich ab, damit dann alles nachvollziehbar und belegbar ist. *"Ich würde sagen, die dänische Handschlagmentalität hat ein Problem, es ist leider in der Welt generell so, dass nur das Geschriebene zählt und man ansonsten häufig von falschen Voraussetzungen ausgeht,"* erläuterte ein deutscher Manager.

Die dänischen Interviewpartner sehen das anders. Einer von ihnen konstatierte: *"Wir erleben in Dänemark eine grössere Entscheidungseffektivität und Wettbewerbsmöglichkeit schon aus dem Grund heraus, dass wir eine Absprache mit einem Kunden halten – mit oder ohne Dokument. Natürlich werden Verträge genau wie in Deutschland schriftlich getätigt."* Dem stimmen die deutschen Manager zu, aber laut der Meinung eines deutschen Direktors werden die dänischen Verträge nicht mit der gleichen Akribie gemacht und er meinte, dass da die Deutschen wohl etwas übertreiben.

Laut der Aussage eines dänischen Geschäftsmannes in der dänischen Zeitung *"Ingeniøren"* werden mündliche Absprachen in Deutschland als wertlos angesehen, was für ihn recht problematisch gewesen sei: *"Ich brauchte ca. ein Jahr das zu akzeptieren, dass ich in Deutschland anders agieren musste als in Dänemark – und ich brauchte zwei Jahre, um zu lernen, es zu tun"*(2), gab er zu erkennen.

Christian Bjørnskov erklärte die Einstellung der dänischen Geschäftsleute zur schriftlichen Absicherung wie folgt: *"Danish companies go a long way before they write formal contracts. They agree verbally and do business together without everything being written down. That means that they can take care of possible misunderstandings and challenges during the process, and that saves costs and increases flexibility."*(3)

Die deutschen Interviewpartner finden zwar generell die dänische Haltung bei Absprachen und die Bedeutung, die das gesprochene Wort hat, erstaunlich unkompliziert und die deutsche Einstellung mit der schriftlichen Absicherung wird auch von ihnen teilweise negativ als Pedanterie und Unterschriftendschungel bezeichnet, aber ihre Antworten lassen deutlich erkennen, dass sie schriftliche Festlegungen bevorzugen. Eine oft angewandte Floskel ist: *"Mach alles schriftlich, dann hast du deinen Rücken frei."*

Der Grund: Vermeidung von Unsicherheitsfaktoren z.B. aufgrund von Missverständnissen und Sprachschwierigkeiten. Ein weiterer Grund für die Präferenz für Schriftliches ist die Absicherung vor Nichteinhaltung oder nachträglichen Änderungen des Abgesprochenen.

FALLBEISPIEL:

Ein dänischer und deutscher Manager berichteten getrennt über eine sehr wichtige Besprechung, an der sie zusammen mit insgesamt 8 leitenden Angestellten teilgenommen haben. Sowohl der dänische als auch der deutsche Respondent zeigten sich über die Handlungsweise des Geschäftspartners irritiert und enttäuscht.

Laut den Ausführungen des dänischen Managers hatte man bei der langwierigen Verhandlung eine Problemlösung gefunden und sie, die Dänen, seien bereit gewesen, zu unterschreiben – bedauerlicherweise hätten sie die Deutschen dazu nicht bewegen können. Er vermutete, dass die Deutschen vor der Unterschrift noch die Akzeptanz des deutschen Vorstandes einholen mussten.

Der deutsche Manager empfand das "*unkonventionelle Vorgehen*" der Dänen wiederum befremdent, da laut seiner Aussage ein Grossteil der Problemlösungen rein verbal erfolgt sei. Seiner Meinung nach sollte man mit Entscheidungen einer gewissen Tragweite vorsichtiger umgehen, da diese Handlungsweise "*ein erhebliches Risikopotenzial*" in sich bergen würde.

Aufgrund der unterschiedlichen Einstellung bzw. Erwartungshaltung wurde das gegenseitige Vertrauensverhältnis empfindlich gestört. Die Frage stellt sich, hätten die Geschäftspartner diesen Störfaktor minimieren oder umgehen können?

Die Diplom-Psychologin Dr. phil. Sylvia Schroll-Machl führt das Verhalten der Deutschen auf "*das Bedürfnis nach einer klaren und zuverlässigen Orientierung nach "Kontrolle" über eine Situation, nach Risikominimierung und prophylaktischer Ausschaltung von Störungen und Fehlerquel-*

len" (4) zurück. Die Daten zeigen, dass die deutschen und die dänischen "Bedürfnisse" recht unterschiedlich sind.

Geert Hofstede sieht in der Unsicherheitsvermeidung einer Gesellschaft das jeweilige Bedürfnis, Unsicherheitsfaktoren zu vermeiden. Bei seiner repräsentativen Untersuchung zeichnen sich diesbezüglich grosse Unterschiede zwischen Dänemark und Deutschland ab. (5) Seine Daten decken sich überwiegend mit den Daten aus unserer qualitativen Untersuchung und wie bereits erwähnt, zeigen sie, dass diese Unterschiedlichkeit nicht selten zu erheblichen Kommunikationsproblemen zwischen den Geschäftspartnern führt.

Hier stehen die deutschen und dänischen Geschäftspartner vor einer Herausforderung, die nur mit einer gewissen fremdkulturellen Kompetenz und einer grösseren Offenheit und Toleranz für die Beweggründe des Partners gelöst werden könnte - und zwar zum Nutzen beider Partner, da die deutsche bzw. dänische Verhaltensweise nicht nur Nachteile für den Geschäftspartner mit sich führt, sondern auch Vorteile beinhaltet, von denen beide profitieren könnten.

Bei der Gegenüberstellung der deutsch/dänischen Verhaltensweisen ergeben sich folgende Unterschiede:

PRIORITÄTEN

Deutschland	Dänemark
• Schriftliche Festlegungen	• Mündliche Festlegungen
• Regelrecht	• Improvisation
• Geringe Risikobereitschaft und Entscheidungseffektivität	• Hohe Risikobereitschaft und Entscheidungseffektivität
• Lange Entscheidungsphasen	• Kurze Entscheidungsphasen

ANREDEVERHALTEN

Deutscher Respondent:

"Wir lehnen das inflationäre Du in unserem Konzern ab, aus der Sicht der Vorstände wird das Du auch untereinander nicht akzeptiert."

Deutscher Respondent:

"Ich sehe das auch hier bei uns, die dänischen Mitarbeiter kommen an das Toplevel nicht ran mit Du, denn da ist eine echte Barriere."

Die Aussagen der beiden deutschen Interviewpartner lassen erkennen, dass interkulturelle Geschäftskommunikation Risiken beinhaltet: *"Wer sich darauf einlässt, riskiert missverstanden zu werden, seine Kommunikationspartner zu verärgern oder zu beleidigen, selbst verärgert oder beleidigt zu werden, für anmassend oder dumm gehalten zu werden und vieles mehr, im schlimmsten Fall: die gesamte Beziehung zum Kommunikationspartner nachhaltig zu gefährden."* (1) Es zeigt sich, dass auch in dem Anredeverhalten deutscher und dänischer Geschäftsleute Kommunikationsstörungen auftreten können.

Das Anredeverhalten in Deutschland spiegelt deutlich die Haltung zu Status und Hierarchie wider, wohingegen man in Dänemark mit der Anrede Gleichheit ausdrückt.

Grammatisch gesehen, bestehen zwischen der deutschen und dänischen Sprache keine Unterschiede. Die Du-Anrede ist daher, wie einige dänische Respondenten fälschlicherweise annehmen, mit dem englischen *"you"* nicht vergleichbar.

Da das neutrale "you" auch "Sie" heissen kann und daher nicht automatisch mit dem "du" gleichgesetzt werden darf. Man hat die Möglichkeit, wie nachstehend illustriert, zwischen du und Sie zu wählen:

		Deutsch		Dänisch
Anrede einer	2. Person sing.	du	=	du
Person	3. Person sing.	Sie	=	De
Anrede mehrerer	2. Person plur.	ihr	=	I
Personen	3. Person plur.	Sie	=	De

Es gibt zwar in beiden Sprachen zwei verschiedene Anredepronomen, die sich aber im Sprachgebrauch erheblich voneinander unterscheiden. Während sich die Dänen unabhängig davon, wie gut sie sich kennen, überwiegend duzen, herrscht in Deutschland und damit auch im Geschäftsleben das förmliche "*Sie*" vor.

In der Untersuchung behandeln sowohl die Dänen als auch die Deutschen das Anredeverhalten sehr ausführlich und finden es teilweise, trotz hoher fremdsprachlicher Kompetenz, problematisch, obwohl sie sich darüber im Klaren sind, dass man sich in Deutschland siezt und in Dänemark das Du bevorzugt. Uns interessiert in diesem Zusammenhang die Wahrnehmung dieses Unterschiedes.

Das empirische Material lässt bei den dänischen Respondenten zwei Gruppen erkennen: Für die eine Gruppe spielt das Sie keine Rolle, weil diese Anredeform zur Selbstverständlichkeit geworden ist, für den überwiegenden Teil der Befragten scheint die Umstellung von du auf Sie jedoch ein Mentalitätsproblem darzustellen.

Der semantische Inhalt der Sie-Form ist Respekt, Distanz, Unbekanntheit, Höflichkeit und manchmal auch Antipathie. Interessant in diesem Zusammenhang ist, dass die dänischen Respondenten nahezu analog mit dem semantischen Inhalt der Sie-Form sowohl den deutschen Geschäftspartner (höflich, korrekt, reserviert) als auch den deutschen Verhandlungsstil beschreiben.

Aber auch im weiteren Sinne sind Sprache und Gesellschaft eng miteinander verbunden. Damit soll nicht behauptet werden, dass die Sprache die soziale Struktur einer Gesellschaft jederzeit klar widerspiegelt. Sie kann z.B. einer sozialen Entwicklung vorgreifen - wie Ende der 60iger Jahre die Tendenz der deutschen Jugend zur informellen Anredeform - oder ihr auch folgen, wie das bei der nahezu zeitgleichen informelleren Anredeform der Dänen der Fall war. Auf die Du-Anredeform dieser Gruppe reagierte die dänische und deutsche Gesellschaft unterschiedlich und es lässt sich in den darauffolgenden Jahren ein klarer Gebrauchsunterschied der deutschen bzw. dänischen Anrede feststellen.

Deutschland gilt nach wie vor als Sie-Gesellschaft und die Antworten der deutschen Respondenten lassen deutlich erkennen, dass sie die Sie-Form bevorzugen.

Im Gebrauch von Titeln zeigen sich ebenfalls grosse Unterschiede in beiden Ländern. In Deutschland legt man bei akademischen Graden generell Wert auf die Nennung des Titels wie zum Beispiel Doktor oder Professor, in Dänemark ist es nicht üblich, dass man den Titel nennt. Ironisch bemerkte ein Däne, dass man wohl viele Oberärzte in Deutschland habe, denn – wenn überhaupt – benutzt man den Doktortitel nur bei Ärzten in Dänemark.

Die Dänen ziehen generell das Du und den Vornamen der deutschen Sie-Kultur vor und haben bei der Anrede insbesondere eine Aversion gegen die Nennung des Doktortitels, weil darunter eine gewisse Profilierungssucht verstanden wird. Gleichzeitig beteuerten jedoch einige dänische Respondenten, dass sie bemüht seien, die Nennung des Titels zu erinnern, da sie den deutschen Kunden oder Kollegen nicht unnötig irritieren möchten. *"Der Doktor, das liegt mir so fern, darum befürchte ich, dass ich den Doktor hin und wieder vergesse"*, konstatierte ein dänischer Respondent.

Für die Deutschen ist der Titel wichtig, obwohl sie es oft nicht zugeben wollen, meinte ein deutscher Interviewpartner und augenzwinkernd fügte er hinzu: *"Sagen Sie ruhig Herr Dr. Wagner zu mir, so viel Zeit muss sein"*. Das zeigt sich

auch bei der elektronischen Buchung von Flügen bei den Luftfahrtgesellschaften SAS und Lufthansa. Während bei der Angabe der Passagierdaten bei SAS keine Spalte für akademische Titel vorgesehen ist, hat der Passagier bei der Lufthansa die Möglichkeit, sich unter den Rubriken Herr bzw. Frau, Herr/Frau Dr., Herr/Frau Prof., oder Herr/Frau Prof. Dr. einzutragen.
Eine Vielzahl der deutschen Respondenten ist erstaunt, dass die Dänen, ihrer Meinung nach unreflektiert, das Du anwenden und von dem Gebrauch des Titels absehen.

Die Dänen fühlen sich teilweise jedoch recht unsicher, wen und wann sie duzen dürfen. Ein dänischer Interviewpartner wunderte sich: *"Zu einigen Deutschen sage ich du und Vorname, aber sieze deren Chef. Wenn wir in einer Besprechung sitzen, weiss ich oft nicht, wie ich die Teilnehmer anreden soll, weil ich bemerkt habe, dass sich da alle siezen, auch die, die sonst du sagen."*

Generell stösst die Tatsache, dass das Du in Deutschland zeitweise aufkündbar ist, auf wenig Verständnis bei den dänischen Respondenten. Der Wechsel von du auf Sie bei formellen Anlässen und die Tatsache, dass Statushohe sich mit Statusniedrigen privat duzen, jedoch geschäftlich siezen, ist in Deutschland nicht ungewöhnlich. Die Sie-Form markiert eine Distanz und Formalität, die bei formellen Anlässen und bei Statusdifferenzen als korrekt angesehen wird. Das Du wird nicht gekündigt, sondern nur zwischenzeitlich ausser Kraft gesetzt. Daher kann man auch erleben, dass Kollegen, die sich normalerweise duzen bei formellen Anlässen siezen, weil das Du als unpassend angesehen wird. Intern geht man wieder zum vereinbarten du über.

Doch auch der umgekehrte Fall kann erlebt werden, z.B. bei Geschäftskontakten mit Firmen im anglophonen Sprachraum. In der *"Wirtschaftswoche"* steht: *"You can say you to me! Wenn es doch nur so einfach wäre"*. Hier wird deutschen Geschäftsleuten folgender Tipp gegeben: *"Siezen Sie sich mit Ihrem deutschen Vorgesetzten oder Kollegen, mit dem Sie gemeinsam ins Meeting gehen, vereinbaren Sie im Vorfeld, dass Sie sich vor den angelsächsischen Gästen mit Vornamen anreden und duzen. Damit vermeiden Sie, dass Ihre Kunden oder Partner irritierte Blicke austauschen. Selbstverständlich werden Sie dann nach der Besprechung zum Sie zurückkehren."*(2) Die Beweggründe für so einen Wechsel sind den Dänen grösstenteils fremd.

In diesem Zusammenhang ist auch das Anredeverhalten der Interviewpartner uns gegenüber interessant. Indem wir bewusst die Anredeform in den Interviewsituationen umgingen, überliessen wir dem jeweiligen Respondenten die Wahl der Anrede. Ausnahmslos wählten die deutschen Interviewpartner das Sie und die dänischen das Du.

In der dänischen Tageszeitung *"Politiken"* konnte man lesen: *"Danmark er blevet dus". Men det betyder ikke, at den sociale afstand er afskaffet. Den er bare blevet mere utydelig."*(3) D.h., obwohl sich die Dänen duzen, sollte man nicht davon ausgehen, dass der soziale Abstand in Dänemark nicht mehr existiert, er ist nur weniger deutlich geworden. Das kann zu der Fehldeutung führen, dass alle gleich sind.

In Deutschland sagt man in der Regel "du" zu Familienmitgliedern, Freunden und evtl. nahen Bekannten. Ansonsten spielt die Solidarität ebenfalls eine Rolle. Zum Beispiel ist das Du bei Parteimitgliedern, Gewerkschaftsmitgliedern oder Sportvereinen oft üblich, ohne dass Freundschaft besteht. Hier signalisiert das Du eine gleiche Gesinnung und Gemeinsamkeit.

Wird von Fremden und ferneren Bekannen das Du angewandt, kann darunter schnell Plumpheit oder Unhöflichkeit verstanden werden. Im schlimmsten Fall versteht man darunter Geringschätzung und Verachtung.

In Dänemark duzen sich fast alle Personen, nicht einmal der Premier wird mit Herr Staatsminister oder Herr Rasmussen angeredet, sondern nur mit Vornamen oder mit Nachnamen und "du". Hier ist zu beachten, dass die Du-Form bei gleichzeitiger Nennung des Nachnamens (ohne Herr oder Frau) als unhöflich in Deutschland gilt. Ein deutscher Direktor betonte: *"Es gibt ja noch diese Zwischenform, Nachname und du – und das ist ja etwas, was wir Deutsche überhaupt nicht verstehen können."*

Aber auch allein die Vorstellung, man würde einen deutschen Kanzler mit Vornamen anreden, oder zur jetzigen deutschen Kanzlerin Angela sagen, fanden einige der deutschen Interviewpartner recht amüsant aber undenkbar.

Ein für die dänische Wirtschaftszeitung "Børsen" langjährig tätiger Auslandskorrespondent konstatierte: *"Es könnte sein, dass sich Dänemark in eine "Du"-Gesellschaft entwickelt hat, in eine egalitäre Gesellschaft mit keinem Respekt vor Autoritäten"*. (4)

Ein deutscher Respondent meinte ebenfalls: *"Der Däne wird gezwungen, sich in eine andere Autoritätswelt einzuleben, in dem Augenblick, wo er Sie sagen muss. Sagt ein Statusniedriger impulsiv zu einem Statushöheren du, ja, dann fängt das Beziehungsproblem an"*.

Die Antworten der deutschen Befragten machen deutlich, dass das Du insbesondere in Deutschlands Chefetagen nicht gut ankommt, d.h. die Tendenz der Dänen im Anredeverhalten die Du-Form zu favorisieren, kann insbesondere in der Kommunikation mit deutschen Managern zu Problemen führen, da man diese Anredeform als respektlos, unhöflich oder gar als plump empfindet und sich in eine nicht vorhandene Vertraulichkeit gezwängt fühlt.

Generell gilt jedoch, dass die Deutschen, es eher tolerieren, von einem Dänen als von einem Deutschen geduzt zu werden, weil man es auf länderspezifische Eigenarten zurückführt, ggf. auch auf Sprachprobleme, vorausgesetzt, die Distanz wird nicht gebrochen und man verfügt über den gleichen sozialen Status. Einer der Respondenten formulierte hier treffend: *"Wenn man die Distanz hält, abhängig davon wer das tut, nicht jeder darf du sagen"*!

In dieser Aussage kommen zwei ausserordentlich zentrale Punkte in der Anrede zum Ausdruck und zwar Distanz und sozialer Status. Das heisst, die Anredeform wird toleriert, vorausgesetzt, eine gewisse Distanz wird eingehalten und der Adressat verfügt über den gleichen sozialen Status.
Die Statusproblematik impliziert unseres Erachtens, wie bereits erwähnt, auch die der Autorität und Hierarchie. Der auf diesem Gebiet in Erscheinung tretende Unterschied ist laut den Interviewuntersuchungen besonders markant und bezieht sich nicht nur auf das Anredeverhalten. Wie das Datenmaterial zeigt, sind im deutschen Geschäftsleben die sozialen Abstufungen differenzierter als in Dänemark und sie werden dem Anschein nach auch ernster genommen.

Insbesondere bei Fusionen zwischen deutschen und dänischen Unternehmen sorgt das Anredeverhalten bei beiden Partnern für Schwierigkeiten. Die Deutschen sind oft verwirrt über das Du der Dänen und die Dänen wundern sich: *"Warum in aller Welt siezen die deutschen Kollegen uns?"* Die Deutschen sind Kollegen und es ist natürlich, Kollegen zu duzen, meinte ein Grossteil der Dänen. Obwohl sich auch in deutschen Firmen die Mitarbeiter zunehmend duzen, sehen die deutschen Respondenten insbesondere bei *"Erstkontakten"* und ohne vorherige Absprache das Du nicht als Selbstverständlichkeit an.

Einige der deutschen Respondenten gaben zu erkennen, dass sie sich oft unbehaglich fühlten, weil es keine Regeln gäbe, wie sie die dänischen Kollegen ansprechen sollten. Sie finden es insbesonders schwierig, du zu älteren dänischen Kollegen aber auch Vorgesetzten zu sagen, auch wenn diese sie duzen.

Ganz allgemein lässt sich feststellen, dass es im Dänischen in Bezug auf Siezen und Duzen kein klares Regelsystem mehr gibt. Höflichkeit und Alter scheinen jedoch noch immer, der Bedeutungsinhalt der dänischen Sie-Form zu sein. Diese Anredeform existiert, wenn auch im Alltag selten angewendet, nach wie vor im Dänischen.

Mit Sie und Titel wird in Dänemark die Königliche Familie angeredet, obwohl man auch hier des öfteren hören kann, dass die Presse deren jüngere Mitglieder duzt. Ansonsten siezt man Dänemarks absolut einflussreichsten und mächtigsten Wirtschaftsmagnat, den weit über 90jährigen Herrn Mærsk Mc-Kinney Møller.

Zu bemerken ist, dass während der langjährigen Interviewuntersuchungen das Anredeverhalten eine grosse Stabilität im Geschäftsleben zeigt. Geringfügige Änderungen konnten wir hauptsächlich ausserhalb der Geschäftskultur wahrnehmen. Zum Beispiel bedient man sich bei privaten Fernsehsendern oder in der Boulevardpresse hin und wieder der Du-Form. Jedoch zeichnet sich weder in den Medien, der Werbung noch dem deutschen Alltag im allgemeinen eine Verschiebung zur Du-Form ab. Davon zeugt auch eine Untersuchung des "*RTL-Magazin*", Thema: Deutsche Anrede. Hier sind die Befragten, unter ihnen eine Expertin in Benimmfragen der Meinung, dass die Tendenz zur Sie-Anrede nicht geschwächt sei, sondern sich eher ausbreiten würde.(5)

Das Festhalten der formellen, distanzierten Sie-Form in Deutschland, im Gegensatz zu der Einführung der informellen Du-Form in Dänemark weist darauf hin, dass die unterschiedliche Anwendung der Anredeform als eine abhängige Variable der jeweiligen Gesellschaftsstruktur angesehen werden muss.

FALLBEISPIEL:

Der deutsche Direktor und Vorstandsmitglied einer deutschen Tochtergesellschaft berichtete über den Besuch seines deutschen Vorstandes in Dänemark, der positiv überrascht gewesen sei, als sie bei einer gemeinsamen Besprechung mit dänischen Kunden hörten, dass ihn die Kunden duzten und mit Vornamen anredeten. Nach der Sitzung meinte einer der Herren: *"Sie haben einen erstaunlich guten Kundenkontakt, kameratschaftlich, aussergewöhnlich"*. Später erlebten sie, dass ihn auch alle Angestellten duzten und ihn beim Vornamen nannten: *"Das ist nicht gut angekommen"*. Der deutsche Direktor meinte, dass sie wohl angenommen hätten, er würde bezüglich der Mitarbeiter *"die Leine schleifen lassen"*.

Vorstehendes Erlebnis veranschaulicht, dass unterschiedliche semantische Inhalte zu Fehldeutungen führen können. Das Du und der Vorname haben in Dänemark weder etwas mit *"super Kundenkontakt"* noch mit *"die Leine schleifen lassen"* zu tun.

FALLBEISPIEL:

Die Verwirrtheit eines jüngeren dänischen Ingenieurs, der zu einer Besprechung mit einem grossen deutschen Kunden nach Deutschland gereist war, spiegelt nachstehende Situation wider:
"Ich verstehe das nicht. Vielleicht können Sie mir das erklären", meinte er und erzählte, dass er nach einer gelungenen Verhandlung zusammen mit dem cirka gleichaltrigen deutschen Manager und einigen Mitarbeitern in ein Restaurant und später in eine Bar gegangen sei. Zu vorgerückter Stunde hätte der deutsche Manager zu ihm gesangt: *"Hör her, ich bin der Peter!"* Als er in den darauffolgenden Tagen den

deutschen Manager telefonisch mit: *"Hallo Peter"* begrüsste, hätte dieser mit *"Guten Tag Herr ..."* geantwortet und wäre dabei geblieben. *"Warum, ich habe da nichts falsch gemacht. Er hatte mir selbst das Du angeboten. Ich weiss nicht, was da schief gelaufen ist"*, wunderte sich der Däne.

"Schief gelaufen ist", dass er sich nicht darüber im Klaren war, dass - wenn es bei einem feucht-fröhlichen Abend zu einem Du und Vornamen kommt, diese Anrede nicht unbedingt noch am nächsten Tag gilt, insbesondere, wenn sie, wie hier, von einem Ranghöheren ausgesprochen wurde. Daher sollte man sicherheitshalber beim nächsten Treffen zum üblichen "Sie" zurückkehren, oder die Anrede des Deutschen abwarten.

Unsere Empfehlung an die Dänen:

Beachten Sie, dass das Du in Deutschland abgesprochen wird. Man duzt nicht einfach, auch wenn andere sich duzende Personen anwesend sein sollten, ist das keine Einladung zum kollektiven Du.

Ein Kompromiss könnte gegebenenfalls das sogenannte *"Hamburger Sie"* sein. Eine etwas informellere Nuance der Anrede ist die Nennung des Vornamens unter Beibehaltung der Sie-Form, die nach längerer Bekanntschaft von deutschen Geschäftsleuten angeboten werden kann, man ist sich vielleicht symphatisch und möchte für eine lockere Atmosphäre sorgen: *"Erik, ich grüsse Sie"*.

Es gibt immer noch Regeln, wer wem das Du anbieten kann. Im Geschäftsleben gilt grundsätzlich, dass gegebenenfalls der Statushöhere dem Statusniederen das Du anbietet, nicht umgekehrt.

Wenden Sie die Anredeform Sie + Herr/Frau an, wenn Deutsch gesprochen wird. Möglichst auch den Titel. Indem man eine Sprache wählt, sollte man sich auch auf die kulturellen Gegebenheiten des Landes einlassen.

Unsere Empfehlung an die Deutschen:

Behalten Sie die deutsche Anredeform bei, wenn Sie auf Deutsch kommunizieren, haben Sie jedoch auch Verständnis für die Dänen, wenn Sie mal *"verkehrt"* angeredet werden, insbesondere bezüglich der Nicht-Nennung des Titels.

Sie sollten nicht auf dem Sie bestehen, aber auch nicht vermuten, dass Ihr Gegenüber Sie wegen dem *"du"* besonders sympathisch findet.

Wenn Sie sich mit dem *"du"* wohlfühlen und es auch ein Teil der eigenen Geschäftskultur ist, kann man sich natürlich auch duzen.

Anredeformen in der Gegenüberstellung:

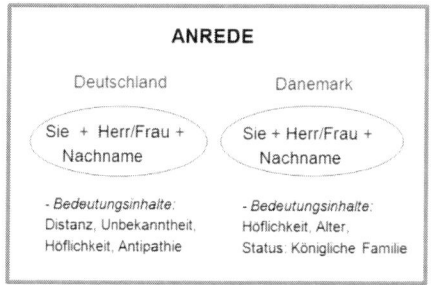

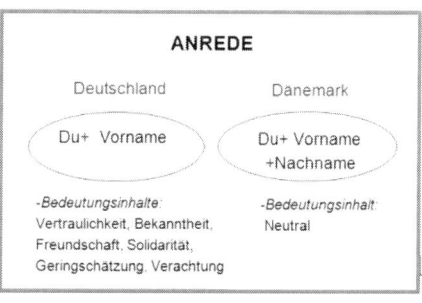

HALTUNG ZU STATUS, AUTORITÄT UND HIERARCHIE

Dänischer Respondent:

"Es ist sehr frustrierend, wenn man eine schnelle Entscheidung braucht und die Kompetenz von Dänemark hat, diese Entscheidung mit den Deutschen zu treffen, während in Deutschland aber von 1300 Mitarbeitern nur 10 Entscheidungsträger sind, an die ich nicht ran komme und mit den anderen ist das eine Wüstenwanderung. Die Deutschen trauen sich nicht zum Chef reinzugehen, um auf eine Entscheidung zu drängen, weil sie die Angelegenheit vielleicht nicht wichtig genug finden. Wenn die Zusammenarbeit optimiert werden soll, müsste die Hierarchie flacher werden und der einzelne Mitarbeiter müsste mehr Kompetenz bekommen."

Die Begriffe Hierarchie, Status und Autorität stehen in einem engen Zusammenhang miteinander, da sie eine Rangordnung und Ungleichheit implizieren. Funktional lassen sich Hierarchien dadurch erklären, dass in Organisationen verschiedene Aufgaben auszuführen sind, die rangordnend in unter- und übergeordnete Funktionen eingeteilt werden. Die Bewertung dieser Rangordnung ist abhängig von dem Wertesystem einer Gesellschaft. Gesellschaften, die Egalität anstreben, plädieren für eine Gleichrangigkeit aller Aufgaben und den Abbau von Hierarchien, während Gesellschaften, die Ungleichheit als naturbedingt ansehen, die Notwendigkeit von Hierarchien betonen. Hierarchie bedeutet auch immer eine ungleiche Machtverteilung. Personen, die in der Hierarchie hoch angesiedelt sind, haben in der Regel mehr Einfluss und Verantwortung, leichteren Zugang zu Informationen, und es werden vielseitige Fähigkeiten von ihnen erwartet, die durch grössere Vergünstigungen belohnt werden. Mit anderen Worten, sie haben einen höheren Status als Personen, die auf der Hierarchieleiter unten stehen.

Statusbewusstsein/Statusmarkierung in Dänemark

In Dänemark hat man oft keine deutliche Statusmarkierung, deshalb kann es für Deutsche schwierig sein, in Verhandlungssituationen herauszufinden, wer der Entscheidungsträger ist. Im dänischen Normsystem werden Statusunterschiede heruntergespielt. Die Dänen sind auch statusbewusst, man prahlt jedoch nicht, weil das negativ sanktioniert wird. In einem deutschen Manager-Guide steht u.a. als Tipp im Umgang mit dänischen Geschäftsleuten, dass man jede Art der Prahlerei vermeiden solle.

Man hat in Dänemark das sogenannte Jantegesetz - das ist ein fiktives Gesetz, der Name ist der Phantasie des Schriftstellers Aksel Sandemose zu verdanken. Kurz gesagt bedeutet es, dass keiner den Anderen überragen darf, dass alle gleich sind. Obwohl dieses Jantegesetz heute etwas abgeschwächt ist, wird eine allzu massive Profilierung und Statusmarkierung negativ gesehen.

In Dänemark sind die Rangunterschiede verwischt, deshalb ist die Gleichrangigkeit der Geschäftspartner nicht so ausschlaggebend wie in Deutschland.

Statusbewusstsein /Statusmarkierung in Deutschland

In Deutschland hat man keine Angst, seinen Status zu zeigen. Alle möglichen Titel stehen auf deutschen Visitenkarten, das hat man in Dänemark nicht in dem Ausmass. In Deutschland besteht ein gewisser Respekt vor Titeln, während in Dänemark eher die Person im Fokus steht.

Aber hier spielt auch die Sachorientierung der Deutschen eine grosse Rolle. Sachlich zu sein ist gleichbedeutend mit Kompetenz. Man muss seine Sachlichlichkeit, d.h. seine Kompetenz beweisen, das kann man u.a. mit der Angabe von Titeln und mit sachlichen, auf Fakten gestützten Gesprächen, was auch der bevorzugte Verhandlungsstil der Deutschen ist.

Sichtbare und bewusst gesetzte Statusunterschiede wie z.B Dienstwagen, Grösse der Büroräume, wie viele Fenster der Raum hat und andere Privilegien (Parkplätze) sind in Deutschland eher die Regel.

Die Vorzimmerdame ist auch teilweise ein Statussymbol. Die von den dänischen Interviewpartnern gemachte Beobachtung, dass sich deutsche Chefs die Telefongespräche von der Sekretärin vermitteln lassen, statt selbst zum Hörer

zu greifen, gilt in Dänemark eher als altmodisch. Aufgrund der Kontrollfunktionen der ChefsekretärInnen (Telefongespräche annehmen und abwehren, sowie Kontrolle der Besucher) wurde sie von einigen dänischen Interviewpartnern auch scherzhafterweise als Rottweiler bzw. Bodyguard bezeichnet.

In Deutschland hat man eine deutliche Markierung von Statusunterschieden. Man weiss in einer deutschen Verhandlung genau, wer der Entscheidungsträger ist, und die Gleichrangigkeit der Geschäftspartner ist in Deutschland sehr wichtig. Es kann für einen dänischen Mitarbeiter schwierig sein, in Deutschland an den richtigen Gesprächspartner heranzukommen, der die erforderliche Kompetenz hat, Entscheidungen zu treffen.

Ein Deutscher zeigt seinen Status, man profiliert sich mehr und man hat keine Scheu zu prahlen. Ein deutscher Respondent erklärt diesen Sachverhalt mit dem hierarchischen Aufbau der Unternehmen: *"Profilierungssucht hat man in Dänemark nicht so. Das haben Sie in Deutschland. Das hängt auch damit zusammen, dass die Hierarchie in Dänemark flach ist. In Deutschland haben Sie eine sehr ausgeprägte Hierarchie, d.h. wenn Sie in Ihrer Hierarchie nach oben wachsen wollen, dann müssen Sie nicht nur Fachmann sein, sondern Sie müssen sich ziemlich darstellen können. Die sich nicht, im positive Sinne, darstellen können, bekommen eine Profilneurose! Das sind die, die Sie in Besprechungen zwei Stunden aufhalten. Das habe ich hier nicht so erlebt. Kurze Besprechungen in Dänemark, wenn man selbst irgendwie die Struktur reinbringen kann."*

Die informelle Art der Dänen kann verwirrend auf Deutsche wirken und zu Fehldeutungen führen, was das nachfolgende Zitat aus dem Kollegenbereich verdeutlicht: *"In meiner Ab-*

teilung haben wir einen Dänen, der den Doktorgrad hat, aber er meldet sich mit Lars am Telefon. Das verwirrt, wer ist Lars? Kann ich einem Lars die neuesten Daten anvertrauen?"

Hier spielt das Anredeverhalten natürlich auch eine Rolle. In Deutschland meldet man sich sowohl im privaten als auch im geschäftlichen Bereich immer mit dem Nachnamen am Telefon, man kann zwar auch den Vornamen nennen, aber dann nur zusammen mit dem Nachnamen. Die Nennung des Vornamens alleine am Telefon ist in Deutschland sehr ungewöhnlich.

Offenes Kommunikationsverhalten in Dänemark

In Dänemark pflegt man einen unkomplizierten Umgang zwischen den einzelnen Hierarchiestufen. Die soziale Distanz zwischen den einzelnen Ebenen scheint in Dänemark bedeutend geringer zu sein als in Deutschland. Deshalb sind Hierarchiestufen in Dänemark für Aussenstehende häufig schwer wahrnehmbar.

Der Däne äussert auch gegenüber einem Statushöheren Kritik, während der Deutsche sich eher zurückhalten würde, wie das nachfolgende Fallbeispiel zeigt.

FALLBEISPIEL:
Besprechung einer Werbekampagne in einer deutschen Tochtergesellschaft in Dänemark.
Teilnehmer: Deutscher Direktor, dänische Marketingmanager und Marketingassistenten.

Der Direktor schilderte folgende Situation:
"Wir haben in Deutschland eine Werbekampagne gestartet, in der wir ein Motiv verwendet haben, das ist eine Zuckerrübe. Da haben wir ein Färbeverfahren angewandt, wo man

die Ringe sieht, wo die Wassergefässe laufen, Wasserleitbahnen, das ist normalerweise blütenweiss, und wenn man es anfärbt, dann wird es grün. Man kann es nicht anders machen, man hat keine andere Methode als es grün zu machen. Dann sieht man aber diese Gefässe und diese Ringe, Jahresringe, wie bei den Bäumen. Es sind zwar keine Jahresringe, aber es sieht so aus. So, und dieses Bild ist also in Deutschland, aber auch in Europa wunderbar angekommen, mit dem Thema: Wir wissen, was auch in der Rübe passiert, denn unsere Forschung guckt sich auch die Rübe von innen an. Wir wollen nicht nur hohen Ertrag, wir wollen auch, dass die Gefässe richtig gross sind."

"Mit diesem Bild bin ich nach Dänemark gekommen und hab gesagt: "Eigentlich sollten wir das auch machen." Da haben die Jüngsten im Unternehmen gesagt, die gleich unter Gleichen sind: "Das kommt ja überhaupt nicht in Frage, das können wir überhaupt nicht gebrauchen. Dieses Grün, das sieht aus wie Gift. Das wird kein Bauer hier akzeptieren."

"Dann habe ich gesagt:"Warum nicht? In anderen Ländern wird es auch akzeptiert. Im Gegenteil, wir haben hohes Lob bekommen für diese Art der Darstellung und zu dem Text. Das ist also mit einer Vehemenz niedergewalzt worden, dass ich zu mir gesagt habe: Na gut, ich leg das also mal erst 3 Monate auf Lager, dann hole ich das mal wieder raus."

Warum war der deutsche Direktor verblüfft und auch ein wenig verärgert?
Alleine die Wortwahl *"die gleich unter Gleichen sind"*, deutet an, dass der Direktor eine so massive und direkte Ablehnung und auch Kritik an der Werbekampagne von jungen Mitarbeitern nicht erwartet hätte und auch nicht gewohnt war. Vehemente Kritik und Ablehnung der Ideen des Chefs seitens der jüngeren Mitarbeiter hätte man in Deutschland nicht so direkt geäussert und gegebenenfalls ranghöheren Mitarbeitern überlassen.

Nicht durchgängige Kommunikation in Deutschland

In Deutschland scheint die Kommunikation auf die einzelnen Hierarchiestufen begrenzt zu sein. Das kann bedeuten, dass Weisungen und auch wichtige Informationen nur von oben nach unten gehen. Die Durchbrechung des hierarchischen Informations- und Kommunikationsverhaltens kann auf deutsche Geschäftsleute befremdend wirken, was folgendes Fallbeispiel widerspiegelt:

Ein deutscher Direktor, der die Leitung einer deutschen Tochtergesellschaft in Dänemark übernommen hat, wundert sich über das Verhalten eines jungen Marketingsmitarbeiters.
Der junge Mitarbeiter hat die Aufgabe eine Marketingsübersicht zu machen. Er braucht dazu einige Daten und geht deshalb zum Direktor und sagt: "Hallo Paul (alle in der Firma duzen sich). Ich will eine Marketingsübersicht machen und dazu brauche ich folgende Daten, und die Leute haben gesagt, die seien bei dir im Schreibtisch. Kann ich die haben?"
Der Direktor gibt dem jungen Mitarbeiter die Unterlagen. Er ist jedoch erstaunt über das Verhalten.
Der Kommentar des Direktors:"Also ich habe nicht das Gefühl, dass ich keinen Platz mehr habe, weil man mir keine Ehrfurcht entgegenbringt, schliesslich bin ich hier der "direktør", und so kann man nicht mit mir umgehen, das Problem habe ich nicht."

Die Frage ist, warum er dennoch erstaunt ist?

Der junge Mitarbeiter hat hier das hierarchische Kommunikationsverhalten auf eine sehr direkte und lässige Art durchbrochen. Der deutsche Chef hätte von einem jungen Mitarbeiter, der seine Kompetenz erst noch beweisen muss, nicht diese Direktheit erwartet, sondern eher eine etwas demütige

Haltung. Der deutsche Chef ist daran gewöhnt, dass Informationen von oben nach unten gehen, und das hat der dänische junge Mitarbeiter nicht berücksichtigt.

Die Hierarchie in Deutschland erleben die dänischen Respondenten als sehr schwerfällig und anstrengend, weil alle sich nach oben absichern, und weil sich dadurch Entscheidungsprozesse verzögern. Es kann ein regelrechter Entscheidungsstau entstehen, der vor der Vorstandsebene zum Stillstand kommt.

Die dänischen Interviewpartner finden die Hierarchie in Deutschland auch schädlich für den Wettbewerb, weil darunter die Nähe zum Kunden, die insbesondere für ein Dienstleistungsunternehmen von grosser Wichtigkeit ist, leidet. Sie sind der Meinung, dass die Organisationen flacher werden müssen, um im Wettbewerb erfolgreich zu sein.

Demokratischer Führungsstil in Dänemark

Der demokratische Führungsstil fokussiert auf den Menschen und gibt dem einzelnen Mitarbeiter einen grösseren Kompetenz- und Verantwortungsbereich. Ein dänischer Chef muss etwas von seiner Kompetenz abgeben, sonst funktioniert die Zusammenarbeit nicht. Gert Hofstede spricht auch von einem femininen Führungsstil in Skandinavien. Ein deutscher Interviewpartner erklärt die Unterschiede folgendermassen: *"Obwohl es sich etwas geändert hat, bei uns in Deutschland war eigentlich die Hierarchie sehr dominant und auch sehr enthoben und entfernt von der Basis. Bis noch vor einem halben Jahr hinter einer Panzertür und da kam man nur nach Gesichtskontrolle hin. Der Vorstand war für uns unsichtbar. Ich hatte persönlichen Kontakt, aber an und für sich war er unerreichbar und ist im Grunde das auch heute noch. Die Hierarchie in Dänemark nimmt man weniger wahr. Man hat nie das Gefühl mit einem*

Höherrangigen zu sprechen, der das auch rausgehängt hat. Die Tür zum dänischen Chef ist immer offen, das ist bei uns in Deutschland unmöglich. Das ist sehr angenehm, das hat seinen Vorteil. An einer geschlossenen Tür würde man ja nicht klopfen ohne Not."

Hierarchischer Führungsstil in Deutschland

Der hierarchische Führungsstil fokussiert auf den Status und bewirkt, dass man eine klare Abgrenzung der Arbeitsgebiete und eine deutliche Markierung der Entscheidungsträger hat. Leistung und Können und der damit verbundene Status werden in Deutschland anerkannt, während ein Chef in Dänemark sich auch als Mensch beweisen muss.

Die deutlich markierten Statusebenen, die man in Deutschland hat, schaffen Trennlinien. Sie grenzen Handlungs- und Kompetenzbereiche der Mitarbeiter ab und bieten aber auch mehr Kontrolle, und das scheint der Deutsche zu wollen, was auch Jette Schramm-Nielsen hervorhebt: *"If you go to Germany, people expect to be controlled, and, of course, the further south and east you go, the more they expect control. In a country like the USA, employees have to document what they are doing and the results they have achieved all the time. In Scandinavia people are almost offended if someone looks over their shoulder - it is taken as an expression of mistrust."(1)*

Die Beispiele haben gezeigt, dass die Tendenz zur Statushierarchie in Deutschland stark ausgeprägt ist, und unserer Meinung nach ist Autorität in formaler Form durch die Statushierarchie gegeben und wird durch feste Regeln legitimiert.

Die deutschen Geschäftsleute haben im Gegensatz zu den dänischen ein grösseres Absicherungsbedürfnis, dass u.a. in der Einhaltung von formalen Regeln zum Ausdruck kommt, wie auch das Kapitel "*Sicherheitsbedürfnis*" gezeigt hat.

Den grössten Unterschied zwischen beiden Ländern sehen wir in der Tendenz zu hierarchischem Umgangsformen in Deutschland versus egalisierenden in Dänemark, die Einfluss auf das Führungsverhalten in Organisationen und die Einstellung zu sozialen Statushierarchien haben.

Dänische Siegerehrung

Jette Schramm-Nielsen erklärt die Einstellung zu Statushierarchien und hier betrachtet sie Skandinavien als Ganzes folgendermassen: *"Scandinavian belief in equality is close to an equality ideology. We insist on being our own authority."(2)*

Die Unterschiede in der Gegenüberstellung:

STATUS, AUTORITÄT UND HIERARCHIE

Dänemark	Deutschland
• Keine deutliche Statusmarkierung	• Statusbewusstsein/ Statusmarkierung
• Gleichrangigkeit der Geschäftspartner nicht ausschlaggebend	• Gleichrangigkeit der Geschäftspartner
• Offenes Kommunikationsverhalten	• Nicht durchgängige Kommunikation
• Demokratischer Führungsstil	• Hierarchischer Führungsstil

GROSS-KLEIN PROBLEMATIK

Dänischer Respondent:

"Natürlich sind wir im Verhältnis zu Deutschland nur ein Krämerladen und wir sollten aufpassen, dass wir nicht die kleine Maus sind, die wie ein Elephant stampft. Aber wir müssen uns trotzdem Gehör verschaffen, das ist lebensnotwendig."

Diese Aussage wurde von einem dänischen Chef, dessen Unternehmen mit einem deutschen fusioniert hatte, gemacht. Sie entspricht dem Sinn nach der Befürchtung vieler dänischer Interviewpartner insbesondere bei deutsch-dänischen Fusionen, aber auch bei deutschen Niederlassungen in Dänemark, da es sich hier nicht um ein Kundenverhältnis handelt, wo der Kunde erwarten kann, dass der Lieferant auf seine Wünsche weitmöglichst eingeht, sondern um Kollegen.

In dieser Situation geht man davon aus, *"dass alle am gleichen Strick ziehen"*, was zum Bedauern vieler dänischer aber auch deutscher Interviewpartner nicht immer der Fall ist. Ein dänischer Direktor einer deutschen Niederlassung formulierte es folgendermassen: *"Es gibt Situationen, wo es schwerfällt, Entscheidungen, die hauptsächlich uns hier in Dänemark angehen, zu akzeptieren, nur weil sie aus Deuschland kommen. Wenn wir uns dagegenstellen, habe ich das Gefühl, dass das bei dem deutschen Vorstand nur ein Kopfschütteln hervorruft."* Wiederholt wunderten sich die dänischen Respondenten darüber, wie schwierig es ist, Ideen weiterzuvermitteln und mit der deutschen *"Chefetage"* in einen Dialog zu kommen.

Die dänischen Interviewpartner vermissen generell sowohl eine grössere Entscheidungsfreiheit sowie Akzeptanz und mehr Verständnis für die dänischen Verhältnisse und Gegebenheiten. Darüber hinaus wünschen sie eine geringere "Regeltyrannei."

Im Zuge der Fusion versuchten einige der dänischen Manager die neue Arbeitssituation verständlich zu machen, indem sie darauf hinwiesen, dass sie jetzt ein Teil einer grossen Organisation seien, was für sie bedeute, dass sie nicht mehr unabhängig nach dänischen Normen und Regeln agieren könnten: *"Da müssen wir auch Entscheidungen akzeptieren, die nicht immer logisch für uns sind"*, meinte ein dänischer Geschäftsleiter.

Das hässliche Entlein trifft den Deutschen Adler

Einige der deutschen Geschäftsführer erkennen dieses Problem und begründen es zum Teil mit dem Grössenunterschied der deutsch-dänischen Unternehmen und der damit verbundenen gewissen Arroganz und Inflexibilität der Deutschen. Sie sehen ein, dass man von deutscher Seite zu wenig auf die dänische Mentalität und Geschäftskultur eingeht und sie befürchten, dass durch dieses Verhalten eine erfolgreiche Zusammenarbeit aufs Spiel gesetzt wird. *"Vielleicht fehlt uns manchmal die Hellhörigkeit und Offenheit, wir gehen davon aus, die Anderen müssen sich anpassen"*, konstatierte der Geschäftsführer einer deutschen Firma.

Von einigen Ausnahmen abgesehen, sind die deutschen Unternehmen, in denen unsere Interviewpartner arbeiten, bedeutend grösser als die dänischen und dadurch ist ihr Einfluss grösser. Das macht sie ungleich. Wie auch ein dänischer Direktor hervorhebt, ist Deutschland für die Dänen nicht nur wirtschaftlich sondern auch politisch und kulturell immer wichtiger gewesen als umgekehrt, was für die Dänen rein emotional nicht immer problemlos war.
"Deutschland ist 1990 noch grösser geworden und es ist auch unser grösstes Exportland. Deutschland ist gut und wichtig für uns, aber es mag irrational klingen, ich glaube, viele Dänen haben trotzdem immer noch gewisse Ressentiments den Deutschen gegenüber", meinte ein weiterer dänischer Respondent. Ein Teil der dänischen Interviewpartner sehen es ähnlich. Hier ist jedoch zu beachten, dass diese Aussagen nicht von den jüngeren dänischen Interviewpartnern gemacht wurden, sondern ausschliesslich von Respondenten der Altersgruppe 50 +.

Die Dänen sind ein freiheitsliebendes Volk, man lässt sich nicht so schnell etwas aufzwingen. Das wird auch bei der Interviewuntersuchung deutlich, dort zeigt sich, dass die dänischen Respondenten ihre Handlungsfreiheit generell höher priorisieren als die deutschen. Dass diese Freiheit, unter anderem bedingt durch die geltende Hierarchie in deutschen Unternehmen, eingeschränkt ist, bewerten sie generell als negativ.

Die deutschen Respondenten stehen dieser Einstellung eher kritisch gegenüber. *"Die Dänen glauben, dass sie in der Hierarchie rauf und runter schlittern könnten, was nicht an dem ist"*, konstatierte ein deutscher Respondent.

Darüberhinaus weisen einige der deutschen Interviewpartner auf eine gewisse Selbstüberschätzung der dänischen Geschäftspartner hin, insbesondere bei Fusionen. Denn was *"gross"* in dänischen Unternehmen ist, ist oft noch relativ *"klein"* in deutschen. Hier wird ein Dilemma auch in Bezug auf gemeinsame Kunden deutlich. Was für viele Dänen als grosser Kunde gilt, wird von den Deutschen nicht selten nur als verhältnismässig kleiner oder mittelgrosser Kunde angesehen und da gelten unterschiedliche Prioritäten. *"Sie rangieren nicht unter den V.I.P.-Kunden"*, erklärte ein dänischer Direktor.

Ein grosser Teil der dänischen Interviewpartner ist sich darüber im Klaren, dass sie, wie bereits erwähnt, gezwungen sind, wegen der Grösse der Unternehmen und dadurch existierenden unterschiedlichen Machtverhältnisse mehr auf die deutschen Kollegen bzw. Geschäftspartner einzugehen und sich ein- oder gar unterzuordnen und dass ihre, wie sie es selbst oft nennen, *"rebellische"* Art nicht angebracht ist. *"Wir dürfen nicht vergessen, wir kommen zu unseren deutschen Geschäftspartnern immer als kleinerer Bruder. Es ist schwerer zu überzeugen, da die Tendenz besteht, wenn man "gross" ist, dann hat man immer recht"*, sagte ein dänischer Interviewpartner.

Wie kompliziert die Zusammenarbeit bei einem erheblichen Grössenunterschied der Unternehmen sein kann, zeigt auch die nächste Aussage eines dänischen Managers: *"Ich erlebe generell, dass die Regeln nach denen wir arbeiten unterschiedlich in der deutschen Muttergesellschaft und in Dänemark sind, aber es gibt nur eine "richtige" Regel, so empfinde ich es, das ist die deutsche."*
Einige Dänen können sich in die Situation der Deutschen hineinversetzen, wie z.B. ein dänischer Respondent: *"Man muss es auch mit deutschen Augen sehen, sie sind die Grossen! Wir Dänen werden sauer und geben auf, wenn uns kein Gehör geschenkt wird. Wir sollten etwas mehr auf unsere Partner eingehen."* Obwohl es an Einsicht von dänischer Seite nicht fehlt, machen die dänischen Respondenten wiederholt darauf aufmerksam, dass man seitens der dänischen Geschäftspartner Gefahr laufe, Widerstände und Konflikte zu provozieren, wenn man sich nicht auf gleicher Augenhöhe begegne.

Bei einem deutsch-dänischen Konzern hatten sich die Kommunikationsprobleme so zugespitzt, dass man sich gezwungen sah, aus Deutschland einen Vermittler nach Dänemark zu schicken, der zur Lösung der Probleme beitragen sollte. Dieser zeigte Verständnis für den dänischen Partner und konstatierte: *"Sie sind zu lange mit der Faust in der Tasche rumgelaufen"* und sarkastisch fügte er hinzu: *"Wir sind ja die grossen Deutschen, das ist doch der Gedankengang in unserem Konzern, da muss uns doch jeder verstehen."* Bei seiner Arbeit ging es darum *"alle Möglichkeiten auszuschöpfen"*, die dazu beitragen könnten, die angespannte organisations- und kulturbedingte Kommunikation zwischen den Partnern zu entschärfen, damit eine zukünftige positivere Zusammenarbeit möglich wird.

Eine erfolgreiche Kommunikation setzt selbstverständlich sowohl eine beiderseitige interkulturelle Kompetenz der Geschäftspartner voraus, als auch den Mut bzw. den Willen sich auf die Andersartigkeit der Partner/Kollegen einzulassen. Einige der deutschen Interviewpartner sind ebenfalls davon überzeugt, dass sie bei den Dänen punkten könnten, wenn sie hin und wieder ein Augenzwinkern oder etwas Selbstironie miteinbringen würden. *"Nicht immer geht es um Leben und Tod"*, meinte ein deutscher Respondent selbstkritisch.

Die Tatsache, dass der Grössenunterschied auch für die deutschen Geschäftspartner problematisch sein kann, ist laut einigen deutschen Interviewpartnern darauf zurückzuführen, dass die Dänen nicht immer über die gleiche hohe Komplexität verfügen. *"Sie denken einfach auch oft in kleineren Dimensionen"*, konstatierte ein deutscher Respondent.

Für die deutschen Respondenten, die für grosse dänische Unternehmen in deren Niederlassungen in Deutschland arbeiten, stellt die Grösse der Muttergesellschaft kein Problem dar. In ihrem Arbeitsalltag geht es um andere Störfaktoren in der Zusammenarbeit mit dem dänischen Mutterkonzern. Zum Beispiel empfinden sie, den informellen Umgangston und die flache Hierarchie als problematisch, weil dadurch der Entscheidungsträger in dänischen Unternehmen schwer zu identifizieren sei. (Siehe auch Abschnitt: Haltung zu Status, Autorität und Hierarchie)

Selbstironisch bezeichnen sich einige unserer dänischen Interviewpartner des Grössenunterschiedes zum Trotz als *"lidt Rasmus Modsat"*, was soviel wie *"ein bisschen konträr oder trotzig"* bedeutet und konstatieren, dass sie nicht unbedingt so tolerant sind, wie sie sich gern selbst darstellen. *"Wir beurteilen die deutschen Geschäftspartner von unse-*

rem eigenen Weltbild heraus und seien wir ehrlich, wir wissen es besser", meinte ein dänischer Respondent schmunzelnd.

Eine gewisse Ambivalenz der dänischen Geschäftsleute zwischen *"gross"* und *"klein"* wird in dem empirischen Material deutlich. Hier geht es nicht ausschliesslich um die Grösse der Unternehmen sondern auch um die Landesgrösse. Ein dänischer Interviewpartner zitierte diesbezüglich den dänischen Dichter, Erfinder und Schriftsteller Piet Hein, den wohl jeder Däne kennt und der die Grösse seines Landes mit einer selbstironischen Distanz, die vielen Dänen zu eigen ist, beschrieb: *"... Danmark er, véd begge godt, mere stort end det er småt."* Frei übersetzt, dann ohne Reim: *"Dänemark ist, wir beide wissen es ja, eher gross als dass es klein ist"*. Dieses Selbstbild wird von den Dänen, unter ihnen die Interviewpartner, gern mit einem Augenzwinkern begleitet, denn obwohl man klein ist, kann man trotzdem gross - sprich am besten - sein.

Unsere Empfehlung an die Deutschen:

Mehr auf die dänischen Geschäftspartner eingehen. Nicht als Besserwisser auftreten und unreflektiert die eigene Geschäftskultur auf die dänische übertragen.

Ausserdem sollte nicht unbeachtet bleiben, dass es nicht nur um die Gross-Klein-Problematik zweier Unternehmen geht, sondern darüberhinaus um das kleine Dänemark und den grossen Nachbarn Deutschland und historisch gesehen um die deutsche Dominanz. (Siehe auch Abschnitt: Geschichtlicher Rückblick – Dänemark)

Wenn der deutsche Geschäftspartner dann als deutscher Steuerer auftritt, besteht die Gefahr, dass das Negativbild der Deutschen – das auch in Dänemark immer noch latent vorhanden ist – wieder zum Vorschein kommt.

Unsere Empfehlung an die Dänen:

Die durch den Grössenunterschied bedingte Einstellung des deutschen Geschäftspartners erkennen und sich entsprechend verhalten.

Darüberhinaus den *"goodwill"*, den die Dänen bei den Deutschen generell geniessen und der in unserer Untersuchung zweifelsohne deutlich wird, ausbauen, indem man das eigene Wertesystem nicht auf das deutsche überträgt und auch akzeptiert, dass durch das ungleiche Machtverhältnis hin und wieder Einschränkungen hingenommen werden müssen.

"Grösse" oder Weisheit kann, mit den Worten des Dänen Piet Hein, auch folgendes sein: *"Visdom er evnen til at forstå en livsindstilling, som ikke kunne være ens egen"*. Frei übersetzt: *"Weisheit ist die Fähigkeit eine Lebenseinstellung zu verstehen, die nicht die eigene sein könnte."*

GESCHICHTLICHER RÜCKBLICK – DEUTSCHLAND

"Gegenwart ist ohne Kenntnis der Geschichte nicht verständlich. Zukunft kaum zu meistern"(1)

In einer zunehmend dynamischen Gesellschaft ist es ausserordentlich wichtig, seine eigene Kultur zu kennen und die der Anderen zu verstehen. (2) Demzufolge ist ebenfalls im Geschäftsleben eine gewisse Kenntnis über den historischen Zusammenhang zwischen den unterschiedlichen Normen und Werten der Geschäftspartner hilfreich. Wie auch ein deutscher Interviewpartner betonte: *"Es geht nicht nur ums Sein, ich bin wer ich bin, sondern ums Sosein, das heisst, wir müssen uns selbst verstehen, unseren Hintergrund, unsere Geschichte und möglichst auch die unseres Geschäftspartners"*.

Bei der Bearbeitung unseres Datenmaterials kristallisierten sich in Bezug auf das Fremd- sowie Selbstbild und die Verhaltensweisen der Interviewpartner Eigenheiten heraus, die auf unterschiedliche kulturelle Erfahrungen deuten lassen. Ein kurzer geschichtlicher Rückblick soll dazu beitragen, die Verhaltensweise der Geschäftspartner besser zu verstehen und dadurch eine störungsfreie Kummunikation zu ermöglichen.

Der Einfluss Preussens auf die deutschen Charaktereigenschaften

Beim Ausbruch der Französischen Revolution 1789 stellte das Heilige Römische Reich Deutscher Nationen (962-1806), es war das erste der drei Reiche, keine staatliche Einheit dar und hatte aufgrund der vielen, unabhängigen, übernational zusammengeschlossenen Einzelstaaten, die über kein starkes Zentrum, wie z.B. Paris, verfügten, nicht die gleiche Voraussetzung wie Frankreich. Die föderalistische Struktur trug u.a. dazu bei, ein Übergreifen der Revolution zu verhindern. Dennoch erwachten in dieser Zeit die deutschen Bürger aus ihrer Lethargie und es kam, wenn auch nicht zu einer Revolution, so doch zu einer geistigen Gegenbewegung und umfassenden sozialen und politschen Reformen.

Das Deutsche Reich, in dem Preussen und Österreich zu einer Militär- bzw. ökonomischen Grossmacht aufgestiegen waren, wurde nach dem Sieg der Franzosen über die Deutschen 1806 auf Veranlassung von Napoleon aufgelöst.

Später, 1815, nach der Niederlage Frankreichs kam es zu einer Sammlung und Neuordnung der zahlreichen deutschen Territorien auf dem Wiener Kongress. Der Wunsch nach einem deutschen Einheitsstaat wurde bei der Neuordnung Europas von den Herrschern nicht berücksichtigt.

Bürgerlich-liberale Kräfte versuchten in den darauffolgenden Jahren eine national-staatliche und demokratische Einigung zu erreichen. Ihr Versuch eine konstitutionelle Monarchie einzuführen, missglückte 1848 in der Paulskirche in Frankfurt/M.

Das Scheitern der Revolution 1848/49 zeugte von einem schwachen Bürgertum, das sich nicht gegen die Obrigkeit durchzusetzen vermochte. Der preussische König lehnte die ihm im April 1849 angebotene Kaiserkrone mit der Begründung ab, dass er diese nur aus der Hand der Fürsten und der gekrönten Häupter entgegennehmen könne.

Zwar etablierte sich in dieser Zeit erstmals ein kollektiver deutscher Volkswille, er wurde jedoch stärker von den Herrschenden gesteuert, als das z.B. in Dänemark der Fall war.

Der Nationalstaat, Das Kleine Deutsche Reich (das zweite Reich) wurde 23 Jahre später durch eine *"Revolution von oben"* (ohne Österreich, das an seinem Vielvölkerstaat festhielt) unter starkem Einfluss von Bismarck gegründet. Somit wurde 1871 der preussische König Wilhelm I., deutscher Kaiser und Bismarck, der preussische Ministerpräsident, Reichskanzler. Der autoritäre preussische Obrigkeitsstaat erhielt einen enormen Einfluss auf das Zweite Deutsche Reich, das sich in relativ kurzer Zeit zu einer Grossmacht mit einer starken Herrschaftsstruktur und zunehmenden nationalistischen Tendenzen entwickelte.

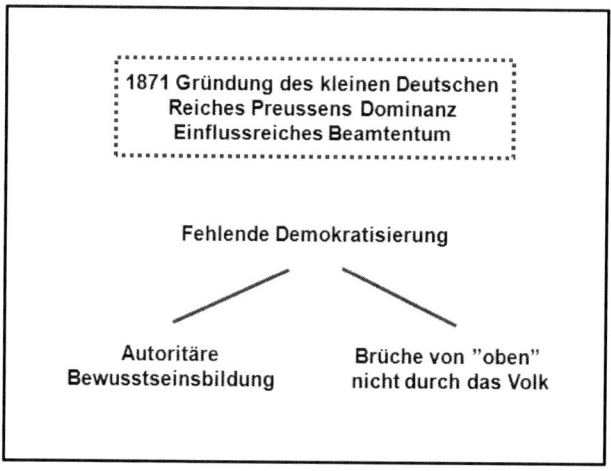

Historiker, unter ihnen Martin Greiffenhagen, weisen auf den Einfluss des preussischen Militärstaates auf die Wertvorstellungen der Deutschen hin, der sich teilweise, wenn auch geschwächt, noch heute geltend macht. Greiffenhagen formulierte die Einwirkung wie folgt: *"Der Militärstaat bestimmte von Anbeginn die Bedürfnisse und Wertvorstellungen der preusssichen Staatsgesellschaft und hat sie bis zum Untergang Preussen-Deutschlands geprägt. Heute ist die Bundesrepublik Deutschland alles andere als ein militaristischer Staat. Trotzdem erinnern bestimmte Züge der Bü-*

rokratie, der Sicherheitsorgane, der Justiz, an ein Staatsverständnis, das erstmals bis in den letzten Winkel durch die "totale Institution" Armee bestimmt war".(3)

Bei der Nennung von deutschen Charakterzügen stösst man sowohl bei den deutschen als auch bei den dänischen Respondenten unweigerlich auf die sogenannten preussischen *"Tugenden"* wie Ordnungsliebe und Disziplin.

Das Übergreifen der preussischen Werte und Moralkodexe auf den gesamtgesellschaftlichen Bereich ist auf die starre Herrschaftsstruktur zurückzuführen. Die strenge Erziehung durch die Machthaber führte zu einer autoritären Bewusstseinsbildung des Bürgertums. Ein wichtiges Merkmal in dem Verlauf der deutschen Geschichte war, im Gegensatz zu Dänemark, nicht der Einfluss des Volkes auf den Staat, sondern die des Staates auf das Volk.
Demokratische Tendenzen setzten sich in diesem Staatsapparat nicht durch. Die preussischen Wertmassstäbe und Verhaltensnormen waren in dem Kleinen Deutschen Reich unter Bismarck und in der Wilhelminischen Zeit ebenfalls effizient, wo sie von den Kleinbürgern, dem Beamtentum, verwaltet wurden.

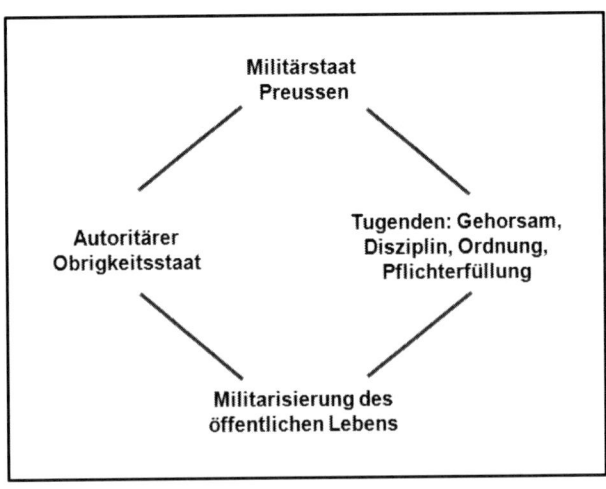

Die autoritäre Staatsform

Dass trotz der zahlreichen Brüche in der deutschen Geschichte sich die kulturellen Muster relativ wenig veränderten ist unserer Meinung nach auf die autoritäre Staatsform zurückzuführen, die nie, abgesehen von der gewaltfreien Revolution der DDR-Bürger 1989, durch eine (geglückte) demokratische Revolution verändert wurde. Die Brüche wurden *"von oben"* und nicht durch das Volk verursacht, folglich setzten sich die demokratischen Tendenzen nicht durch. Dieser Tatbestand machte sich auch nach der Niederlage im ersten Weltkrieg und dem Zusammenbruch des Kaiserreiches, in der Weimarer Republik, geltend. Die Deutschen standen der ersten deutschen Demokratie ohne historische Erfahrungen gegenüber.

Ihre demokratische Unerfahrenheit und auch Kritiklosigkeit, die belastenden Reparationsforderungen der Sieger des ersten Weltkrieges sowie die weltweite Wirtschaftskrise und die grosse Arbeitslosigkeit führten dazu, dass sie erneut einen autokratischen Führerstaat mit verheerenden Folgen akzeptierten.

Wie Adorno et al verdeutlichen, ist die autoritäre Persönlichkeit kein deutsches Phänomen, sondern abhängig von der Persönlichkeitsstruktur des Individiums und den Sozialisationserfahrungen. Das kulturelle Klima zeigte in Deutschland, wegen der dominaten Obrigkeit, starke autoritäre Tendenzen.(4)

Das Dritte Reich ging 1945 unter und mit ihm Preussen, das als Staat ausschied, vererbt hat es jedoch den Deutschen seine *"Tugenden"*.
Deutschland wurde geteilt und mit ihm Europa, danach setzte der starre Ost-West Konflikt ein, der den technologi-

schen Rüstungswettlauf mit sich führte, so dass sich im Westen und Osten ein gegenseitiges Feindbild zementierte.

Für die Bundesrepublik Deutschland wurde das auch die Zeit des Wiederaufbaus. Unterstützt von den westlichen Alliierten durch die Währungsreform 1948, die Finanzhilfe der USA durch den "*Marshallplan*" und die soziale Marktwirtschaft ihres ersten Wirtschaftsministers Ludwig Erhard führten zusammen mit dem grossen Arbeitseinsatzes der Westdeutschen zu dem sogenannten deutschen "*Wirtschaftswunder*". Deutschland wurde in relativ kurzer Zeit eines der wohlhabendsten Länder der Welt.

Die studentische Protestbewegung und der "neue" Wertewandel

Die Nachkriegsgeneration lehnte das offizielle Werte- und Normensystem der Generation des Wiederaufbaus ab. Die verhältnismässig schnellen materiellen Erfolge, die u.a. dem sprichwörtlichen Fleiss und der Disziplin der Kriegsgeneration zugeschrieben wurden, erkannten viele der Jugendlichen nicht an. Bei dem Aufbau der Demokratie vermisste die rebellierende Jugend den Mut zum Wagnis und beschuldigte die ältere Generation des politischen Konformismus und des konfliktlosen Gleichschritts.

Das Abstandnehmen vieler Jugendlichen sowohl von der "*alten*" Wertewelt, in der Disziplin, Ordnungsliebe, Pflichterfüllung u.dgl. vorherrschte, als auch von der "*neueren*" materialistischen Wertewelt, die den kollektiven Werten nach den Erfahrungen des zweiten Weltkrieges und der Zeit des Wiederaufbaus folgte, erntete nicht den Beifall der älteren Generation.

Die europäische Protestwelle, sie wurde u.a., von den Bürgerrechts- und Studentenprotesten in den USA inspiriert, wies eine gewisse Gleichzeitigkeit auf und die Konflikte zwischen der Jugend und den Autoritäten galten sowohl im familiären als auch im politisch-gesellschaftlichen Bereich. Sie erhielten in Deutschland wegen der nationalsozialistischen Vergangenheit der Kriegsgeneration ihren eigenen, teilweise auch sehr aggressiven, Akzent. Die Jugendlichen reagierten auf die geringe historische Stellungnahme der Gesellschaft und auf die eklatant totgeschwiegenen Lücken in der Vergangenheit ihrer Väter. Insbesondere hierin unterschieden sie sich von den Bewegungen der anderen Länder, z.B. Dänemark. Dieser Tatbestand förderte und verstärkte den Bruch mit den traditionellen Werten und Normen der älteren Generation.

Ihre Kritik galt weiterhin den autoritär-hierarchischen Strukturen des Erziehungswesen, der Bürokratie, der Justiz und der Arbeitsplätze. Besonders stark richtete sich ihre Kritik gegen die starre Hierarchie des universitären Bereichs, die mit einer nahezu uneingeschränkten Macht der Professoren, bis in die sechziger Jahre unangefochten blieb. Das Ziel der studentischen Bewegung war es, die kulturelle Hegemonie zu brechen. Ihr Reformstreben stiess im Gegensatz zu Dänemark, wo den Forderungen der Protestler durch politische Integration, d.h. durch Kooperation und Interessenausgleich, entgegengewirkt wurde, auf gesellschaftliche und staatliche Unnachgiebigkeit und machte die Überreste eines obrigkeitsstaatlichen Klimas spürbar.

Das Sicherheitsbedürfnis des Staates und der Gesellschaft

"Ist nicht Sicherheit der rote Faden durch die Geschichte der Bundesrepublik über alle Einschnitte von Kanzler- oder Regierungswechsel hinweg?"(5)

Der Ausbruch der rebellischen Jugendlichen aus der formierten Gesellschaft und ihr Wunsch nach weitgehender Demokratisierung von Staat und Gesellschaft und ihre Verstösse gegen die gesellschaftliche Ordnung wurde von vielen Deutschen nahezu als Sakrileg ausgelegt und sie reagierten mit Wut und Angst. Auch der Staat traf seine Sicherheitsvorrichtungen und plädierte für die Ausweitung des Notstandgesetzes, das trotz Widerstand im Bundestag verabschiedet wurde. Im Namen der Sicherung der freiheitlichen demokratischen Ordnung wurde - auf Kosten der Freiheit – mehr auf Sicherheit gebaut. Das zeigte sich z.B. auch als der Radikalenerlass, bekannt unter dem Berufsverbot, eingeführt wurde.

Das Sicherheitsbedürfnis der Deutschen, Günter Grass nannte es auch "*Sicherheitssucht*", ging notgezwungen immer auf Kosten der Freiheit, die auch ein Hauptelement einer Demokratie hätte sein können. Das Fehlen der demokratischen Tradition und die dramatischen Brüche in der deutschen Geschichte, die das Verlangen nach Sicherheit vielleicht verständlich machten, erschwerte der Gesellschaft, den Medien und der Politik eine angemessene Reaktion auf den "*Ungehorsam*" der antiautoritären Protestler, die abgesehen von einer kleinen Gruppe gewalttätiger Extremisten, keine Terroristen waren. Heinrich Böll sprach von den 6 (Terroristen) gegen die 60 Millionen. In dieser Zeit wurden Stimmen laut, die befürchteten, inwieweit die Bundesrepublik dieser Herausforderung gewachsen sei. Unter ihnen Peter Brückner, der die politischen Unruhen zwar unterschiedlich im Verhältnis zu anderen Ländern auffasste, jedoch darauf hinwies, dass: "*die spezifische Differenz eher im Stil und Umfang der staatlichen Massnahmen gegen die oppositionellen Strömungen besteht, und nicht etwa in deren bedrohlichen Stärke.*" (6)

Die ältere Generation war zudem an eine effizient autoritäre Staatsform mit patriarchalischen Herrschern gewöhnt, man denke an Preussen und Bismarck, die Wilhelminische Zeit und den Kaiser, auch an die demokratische Weimarer Republik mit Feldmarschall und Reichspräsident Hindenburg, an Hitler und das Dritte Reich und – wenn auch gedämpfter – an die Kanzlerdemokratie Adenauers.

Neuorientierung durch Alternativbewegungen

Die autoritäre Tradition wurde erst durch die Protestbewegung gebrochen und es ist hauptsächlich ihr Verdienst, dass der Weg zu einer Neuorientierung gebahnt wurde. Es entstanden Alternativbewegungen wie Frauen- Antikernkraft-, Friedens- und Ökologiebewegungen. Durch diese Bewegungen kam eine politische Partizipation zum Ausdruck, die vorher nicht vorhanden war. Sie lehnten sich gegen die alten Werte auf, die dank ihres Einsatzes zwar nicht eliminiert, so doch modifiziert wurden.

In Verbindung mit diesen Bewegungen, die auch in anderen westlichen Industrieländern aktiv wurden, und die eine mündige Teilnahme u.a. am sozialen und politischen Prozess zeigten, konnte eine zunehmende Sensibilität in Bezug auf Lebensqualität registriert werden, deren postmaterialistischen Werte wie Mitsprache, Selbstentwicklung, Freizeit, Genuss u.dgl. in der Bevölkerung wachsende Priorität erhielten.(7) Diese Bewegungen spielten aufgrund ihrer nicht unbedeutenden Bürgerbeteiligung auch politisch eine Rolle. *"Zwar gab es thematische Konjunkturen, aber gerade das gleichzeitige Auftreten der Bewegungen zwischen 1974 und 1984 muss als schubartiger Durchbruch bewertet werden - zumal viele Menschen für unterschiedliche Themen mobilisierbar waren."*(8)

Analog mit den vorgenannten Bewegungen machte sich in den achtziger Jahren bis in das erste Jahrzehnt des neuen Jahrtausends ein neuer Wertewandel speziell bei der Jugend bemerkbar. Eine negative Zukunftsperspektive, durch Öl- und Wirtschaftskrisen bedingte zunehmende (Jugend) Arbeitslosigkeit, führte dazu, dass das Karriere- und Statusdenken wieder stärker wurde als in der vorhergehenden Zeit. Dazu gesellte sich eine gewisse Hoffnungslosigkeit und Indifferenz der Jugend. Darüberhinaus wurde die Wiedervereinigung für die Deutschen ausserordentlich kostenaufwendig und daher auch die ökonomischen Probleme bedeutend grösser als erwartet.

Ein "neuer" Anfang

"Es gibt in den oberen Rängen der Staatshierarchie der Welt kaum einen anderen Staat, dessen Angehörige ein so verschwommenes und relativ farbloses Wir-Bild haben wie die Bundesdeutschen", (9) schrieb Norbet Elias in seinem 1990 herausgekommenen Buch *"Studien über die Deutschen"*. Obwohl zu diesem Zeitpunkt, die BRD schon über vierzig Jahre existierte, schien es den Deutschen nicht möglich gewesen zu sein, in diesen Jahren eine positive Identität aufzubauen.

Da eine nationale Identität mit ihrer Geschichte verbunden ist, wurde die jüngere deutsche Geschichte, die nationalsozialistische Zeit, ausschlaggebend für das Selbstverständnis der Deutschen. Denn mit einer gemeinsamen Geschichte trägt man auch eine gemeinsame Verantwortung, dieser Tatbestand führte zu der Identitätsproblematik der Deutschen. (10)

Wie auch Habermas(11) feststellte, prägt das historische Bewusstsein das Selbstbewusstsein einer Nation. Sprach man mit Deutschen konnte man auch noch Jahrzehnte nach dem zweiten Weltkrieg an Stelle einer geschichtlichen eine ökonomische Identifikation feststellen, d.h., sie tendierten dazu, ihren Selbstwert von den wirtschaflichen Erfolgen zu beziehen. Aber *"Identität ist – in erster Annäherung gesprochen – das Bewusstsein "so zu sein"* und damit *"anders zu sein" als andere"*(12) Das war für die Deutschen problematisch, da eben dieses *"Anderssein"*, bei noch so grossen wirtschaftlichen Erfolgen, auf Grund der neueren deutschen Geschichte, einen negativen Unterton beinhaltete.

Ihr Identifikationsbedürfnis, der Wunsch nach dem Anknüpfen an etwas auf das sie stolz sein können, hat sie daher in dieser Zeit, im Gegensatz zu den Dänen, zu überzeugten Europäern gemacht. *"Die Deutschen können umso eher zu sich selbst finden und ihr Schicksal annehmen, je mehr sie sich in Europa "zu Hause" fühlen"*(13). Aber welcher andere europäische Staat beinhaltet nicht an erster Stelle sein eigenes zu Hause? Davon zeugt auch die schwärmerische Begeisterung der Deutschen für andere Länder, die recht auffallend ist.(14) Man wertet das Deutschsein *"zumindest ab, indem man anderes hochjubelt: südländische Lebensart, afrikanische Ungezwungenheit, karibisches Laisser-faire"* (15) Man liebt Italien oder Frankreich. Im Vergleich zu den Deutschen lieben die Dänen erst einmal ihr eigenes Land.

Die Wiedervereinigung

"Ich liebe Deutschland. Ich liebe es so sehr, dass ich zufrieden bin, weil es gleich zwei Deutschland gibt". (16)

Mit dieser Einstellung stand der Publizist und Romancier sowie Literaturnobelpreisträger Francois Mauriac (1885 – 1970) nicht allein da. Nach dem Fall der Mauer wurden ausserhalb Deutschlands Stimmen laut, die anfänglich wenig Begeisterung für ein neues grosses Deutschland zeigten.

Die Wiedervereinigung der beiden deutschen Staaten 1990 wurde durch die gewaltlose Revolution der DDR-Bürger herbeigeführt, eine Revolution, die keiner vorhergesehen hatte. Der Fall der Mauer, Symbol der Teilung Deutschlands, Europas und der Welt wurde nahezu als ein Wunder empfunden, ein *"Wunder"* zu dem ohne Zweifel die Reformpolitik von Garbatschow beigetragen hat.

Nach dem Abklingen der beiderseitigen euphorischen Freude stellte sich der Alltag mit neuen Herausforderungen ein. Nach über 40 Jahren der Trennung galt es, eine gemeinsame Zukunft zu meistern. Zwar hatten die Deutschen die Geschichte und Sprache gemeinsam, die Ideologien der jeweiligen politischen, wirtschaftlichen und kulturellen Systeme waren in dieser Zeit jedoch grundverschieden. Die anfängliche Freude wich zunehmend einer grossen Unsicherheit und der Angst vor der Zukunft, zumal die von dem damaligen Kanzler Helmut Kohl versprochenen *"blühenden Landschaften"* der ehemaligen DDR bis heute auf sich warten lassen. Die Kosten des Wiederaufbaus der neuen Bundesländer waren bedeutend höher als erwartet und führten u.a. zu grossen Steuererhöhungen, bekannt unter der Bezeichnung *"Solidaritätsbeitrag"* und steigender Arbeitslosigkeit. Ganz zu schweigen von den kulturellen Unterschieden. Desöfteren hörte man Worte wie *"Besserwessi"* und *"Jammerossi"*. Die Westdeutschen meinten, die Bürger der neuen Bundesländer sollten das Jammern lassen und erst einmal arbeiten, damit sie den westdeutschen Lebensstil erreichen könnten, und diese kritisierten wiederum die Westdeutschen der Besserwisserei und Arroganz.

Das Zusammenwachsen der alten und neuen Bundesländer scheint jedoch - obwohl es bisher schwieriger war, als erwartet – fortzusetzen, so dass allen Problemen zum Trotz, die sogenannte *"Mauer in den Köpfen"* voraussichtlich stetig transparenter wird, um letztlich ganz zu verschwinden.

Ein "nahezu" ganz normales Land

In den letzten Jahren machte sich ein zunehmendes Selbstbewusstsein der Deutschen bemerkbar, sie haben erfahren, dass sie ihr Land mögen dürfen, ohne schlechtes Gewissen und ohne als Nationalist zu gelten. Hier spielte die Fussballweltmeisterschaft im Jahre 2006, die auf deutschem Boden ausgetragen wurde, ebenfalls eine Rolle und trug zu einem positiveren Fremd- aber insbesondere Selbstbild der Deutschen bei. Niemals hatte man in der Geschichte der Bundesrepublik so viele deutsche Fahnen gesehen und insbesondere so viel kollektive Freude erlebt und das nicht nur unter den Deutschen, sondern gemeinsam zusammen mit den zahlreichen ausländischen Gästen und Zuschauern aus aller Welt. In der Zeitung konnte man lesen *"Ein mit Luft gefüllter Ball verzückte die Nation und strafte alle Unkenrufe von Ordnungswut und Pessimismus Lügen: "Wir sind ganz anders!", lautete der Schlachtruf Deutschlands"* (17)

Auch unser Datenmaterial macht deutlich, dass sich die Deutschen insbesondere darüber freuen, dass das Ausland ihnen wieder mehr Sympathie entgegenbringt und sie nicht nur rein wirtschaftlich/politisch respektiert. Ein deutscher Respondent meinte: *"Wer hätte je gedacht, dass auch die englische Presse positiv über uns schreibt. Nicht nur über den Fussball, über uns! Ja, auch die Dänen, viele scheinen uns die Freude wirklich zu gönnen, Wahnsinn, ein wirklich neues, ein richtig schönes Gefühl."*

Ähnliches konnten die Deutschen – ebenfalls bedingt durch den Fussball - bei der Weltmeisterschaft 2010 erleben und das nahezu Undenkbare trat ein. Einige dänische Journalisten (und dänische Geschäftsleute) hielten, nachdem Dänemark ausgeschieden war, zu der deutschen Mannschaft. Obwohl die angewandte Rhetorik hin und wieder sowohl in den dänischen als auch in den ausländischen Zeitungen, wie z.B. in der englischen *"The Times"*, an den 2. Weltkrieg erinnerte, hier wurde u.a. ein deutscher Stürmer mit der deutschen Luftwaffe verglichen.

Selbstverständlich kann das zunehmend positivere Deutschlandbild nicht den Fussballweltmeisterschaften zugeschrieben werden. Es rückte in dieser Periode durch die massive Mediendeckung und das sympathische Spiel der deutschen Mannschaft nur mehr in den Vordergrund.

Das deutsche Image scheint nicht länger nur negativ zu sein, es hat sich eher ins positive gewandelt. Die deutsche Politik, insbesondere die einer Frau, der Bundeskanzlerin Angela Merkel, bescherte den Deutschen im Ausland Beachtung und Interesse. Aber auch deutsche Kunst: Maler, Musiker, Literatur und der deutsche Film, trägt u.a. zu einem positiveren deutschen Image im Ausland bei.

Schon seit geraumer Zeit kann man in den ausländischen Medien positive Berichte über Deutschland lesen. Auch in der dänischen Presse wird seit einigen Jahren eine recht umfangreiche Berlin-Begeisterung propagiert, aber nicht nur Berlin, sondern auch Deutschland scheint für die Dänen zunehmend interessanter zu werden. In dem Universitätsmagazin *"Neues Wissen"* (18) kann man u.a. lesen, dass Deutschland trendy sei und die dänische Haltung zu den Deutschen sich innerhalb weniger Jahre geändert habe. Die Gründe dafür sind vielzählig, insbesondere liegt es daran, dass die Generation, die den Krieg erlebt hat, sehr klein geworden ist.

Für viele Deutsche, insbesondere für die Nachkriegsgeneration, scheint diese positive Wende jedoch nicht immer leicht nachvollziehbar zu sein. Sie sind, eben wegen der deutschen Geschichte, gewohnt, Deutsche und Deutschland kritisch zu sehen. Pro-Deutschland-Äusserungen waren verpönt, die Vorstellung missverstanden zu werden, als Neo-Nazi zu gelten, zu schrecklich.

"Die Versöhnung mit der Vergangenheit ist ein langer Prozess", heisst es in dem Buch *"Einheit die ich meine"*.(19) Dieser Prozess scheint nicht nur bei den Deutschen noch nicht ganz abgeschlossen zu sein. Aber allem Anschein nach sind die Enkel und Urenkel der Bundesrepublik Deutschland, und auch die Bürger der Länder, die notgezwungen an der deutschen Vergangenheit teilnehmen mussten, sehr weit in diesem Prozess gekommen.

GESCHICHTLICHER RÜCKBLICK – DÄNEMARK

"Alle diese als dänisch geltenden "positiven" Charakterzüge, soweit wir sie tatsächlich besitzen, wurden uns vom historischen Prozess aufgezwungen."(1)

Die unterschiedlichen Werte und Normen der dänischen und deutschen Geschäftspartner deuten u.a. auf das Resultat eines historischen Sozialisierungsprozesses hin.

Beim Rückblick auf die dänische Geschichte macht sich insbesondere der Bauernstand, der im Laufe des 19. Jahrhunderts zu einer einflussreichen Klasse wurde und eine nicht unbedeutende kulturelle, ökonomische und politische Machtstellung erhielt, bemerkbar. Die Wurzeln dieser Entwicklung sind in der 2. Hälfte des 18. Jahrhunderts zu finden, wo weitgehende Reformen im agraren Bereich durchgesetzt wurden, die zu einem starken Bauernstand führten. Nicht zuletzt bedeutete die Aufhebung der Erbuntertänigkeit 1788 (1 Jahr vor der Französischen Revolution) einen enormen Eingriff in das Leben der Bauern, sie wurde auch die erste heilige Jahreszahl in der Geschichte der Demokratie genannt. (2)

Um der damaligen deutschen Dominanz im Lande Herr zu werden, wurde nach der Hinrichtung von Friedrich Struensee (1737-1772) – einem deutschen Arzt aus Altona, der ein einflussreicher Staatsmann und Urheber zahlreicher Reformen in Dänemark (auch Geliebter der dänischen Königin, was ihm zum Verhängnis wurde) das Indigenatsgesetz erlassen. Dadurch wurden wichtige Posten, die vorher hauptsächlich vom deutschen Adel besetzt wurden, von dem dänischen Bürgertum bekleidet.

Zur Zeit der Französischen Revolution zählten zu Dänemark Norwegen, Schleswig-Holstein, Island, die Färöer und Grönland. Dänemark konnte sich aus den europäischen Kriegswirren heraushalten und befand sich in einer wirtschaftlich expansiven Phase, von der insbesondere das dänische Handelsbürgertum profitierte. Das Ende dieser Aufschwungzeit zeichnete sich 1801/07 durch den englischen Angriff auf die dänische Flotte und ihr Bombardement auf Kopenhagen ab. Dänemark büsste in dieser Zeit seine Stellung als Handelsmacht ein.

Auf dem Wiener Kongress wurde die Neuordnung Europas in Interessensphären, von dem auch der Norden nicht verschont blieb, vorgenommen. Die Dänen, die auf der Seite Napoleons gestanden hatten, gehörten zu den Verlierern des Krieges. Dänemark musste Norwegen an Schweden als Ersatz für den schwedischen Verlust von Finnland abtreten. Damit wurde eine über 400jährige Union zwischen Dänemark und Norwegen aufgelöst.
Dänemark befand sich nicht nur politisch sondern auch ökonomisch in einer äusserst schwierigen Lage. Noch während der Kriegszeit musste 1813 der Staatsbankrott erklärt werden. Norwegen war verloren und Holstein fühlte sich stärker mit dem Süden als mit dem Norden verbunden.
In diesen Kriegs- und Nachkriegszeiten machte sich, unterstützt vom dänischen Geistesleben, ein stärkeres Nationalbewusstsein bemerkbar.

Grundtvigs Einfluss auf das Selbstverständnis der Dänen
Insbesondere versuchte der dänische Theologe, Dichter, Politiker und Bildungsreformer N.F.S. Grundtvig (1783-1872) schon nach dem traumatischen Erlebnis von 1814

(Verlust von Norwegen) und später 1864 (Verlust von Schleswig-Holstein) den Dänen die inneren Werte des Dänentums ins Bewusstsein zu rufen, um ihnen dadurch Stärke zu verleihen.
Ein positives Selbstbild erhält jedoch seine Konturen und seinen Inhalt insbesondere in der Abgrenzung eines Fremd- und Feindbildes. Hier spielten die Deutschen eine dominierende Rolle. Die Abschottung von der deutschen Kultur und dem deutschen Geistesleben galt seither als Gegenstück zum Dänentum. Zum Beispiel wären Grundtvigs Lobgesänge weniger nachhaltig gewesen, wenn sie nicht ihr Gegenstück im Deutschtum gefunden hätten.

Für ihn war die dänische Geschichte, die Sprache, die *"volkstümliche"* Tradition von eminenter Wichtigkeit. Durch die von ihm ins Leben gerufene Volkshochschule, der sogenannten Schule des Lebens, sollte primär der Bauernstand Selbstvertrauen und Wissen erhalten. Diese Schulen erhielten ihre Treibkraft durch die Teilnehmer in Gesprächen und Diskussionen, durch die sie ihre sprachliche Kompetenz erweiterten und wo die eigene Lebenserfahrung eine starke Rolle spielte.
Ihr Ziel war weder die autokratische Erziehung noch die Ausbildung von Spezialisten, sondern bewusstseinsfördernde Erkenntnisprozesse sollten ihnen die mentale Stärke geben, sich u.a. gegen die herrschende Klasse, wie z.B. die Grossgrundbesitzer, den Adel und die Intellektuellen, zu behaupten.

Die Werte und Normen eines Volkes kann man natürlich nicht nur mit einer Person oder einer Bewegung (die durch Grundtvig inspirierten Grundtvigianer) verbinden. Ohne Zweifel hatten jedoch Grundtvig und die sich in diesen Jahren herausbildende und profilierende Bewegung der Grundtvigianer einen grossen Einfluss auf die Bewusstseinsbildung und das kulturelle Muster der Dänen. Aber nicht nur sie allein, denn auch die sich Anfang des 20. Jahrhunderts profilierende Arbeiterklasse und die Sozialdemokratie formten u.a. die dänische Kulturgeschichte.

Ausser den Volkshochschulen hatten auch die Freischulen, die Versammlungshäuser und die Freikirchen einen grossen Einfluss auf den Sozialisierungsprozess der dänischen Gesellschaft.
Da die "*Erweckung*" alle Seiten des Lebens umfasste, erhielt sie eine aussergewöhnliche Kraft und zwar auf religiöser, kultureller, politischer und ökonomischer Ebene. Der progressive Teil der grundtvigianischen Bauern erhielt zunehmenden Einfluss auf die Entwicklung des gesamtgesellschaftlichen Bereichs. Eine weitsichtige Planung und Stärkung des Agrarsektors wurde durch genossenschaftliche Meiereien, Schlachtereien und Konsumvereine möglich. Nicht zuletzt profilierten sie sich auch politisch und einige von ihnen, darunter Grundtvig, waren im dänischen Reichstag vertreten.

Grundtvigs Freisinn und Gleichheitsideologie

In Grundtvigs Gedankenwelt war das Volk bzw. die Volkstümlichkeit der Mittelpunkt seiner Betrachtungen. Das Menschliche und das Volkstümliche gehörten zusammen und nur wenn man in dem Besitz dieser beiden Eigenschaften war, konnte man ein guter Christ werden. D.h. die allgemeine menschliche Entwicklung schien vor der christlichen zu kommen wie Grundtvig es formulierte: "*Erst der Mensch, dann der Christ*"(3)

Es kristallisierten sich insbesondere durch die volkstümliche Gemeinschaft zwei Tugenden heraus, die Grundtvig in "*Freiheit für Loke so gut wie für Thor*"(4), zwei feindliche Gegner aus der nordischen Mythologie, und "*Wenn nur wenige zu viel und die meisten genügend haben*"(5) thematisierte, nämlich den Freisinn, wo sowohl Freund als auch Feind Anspruch auf Freiheit haben und den Willen zur Gleichheit. Es entstand in der Gesellschaft ein grösseres Gemeinschaftsgefühl, das wenn auch weniger ökonomisch so doch ideologisch nivellierend auf die Klassenschranken wirkte. Der demokratische Volkswillen der Dänen hatte somit ein Fundament, auf das er aufbauen konnte. Das Engagement in Bezug auf die gemeinschaftlichen Belange wirkte sich auch positiv auf die politische Arbeit der Grundtvigianer aus. Weiteren Einfluss auf die liberal demokratischen Tendenzen bekam ebenfalls die Reformpolitik des 18. und 19. Jahrhunderts, die als Katalysator in Richtung Demokratie wirkte. Das dänische Grundgesetz trat bereits 1849 inkraft, aber schon zur Zeit des Absolutismus war das dänische Staatswesen, wenn auch autoritär, so doch weniger tyrannisch als in vielen anderen Ländern.

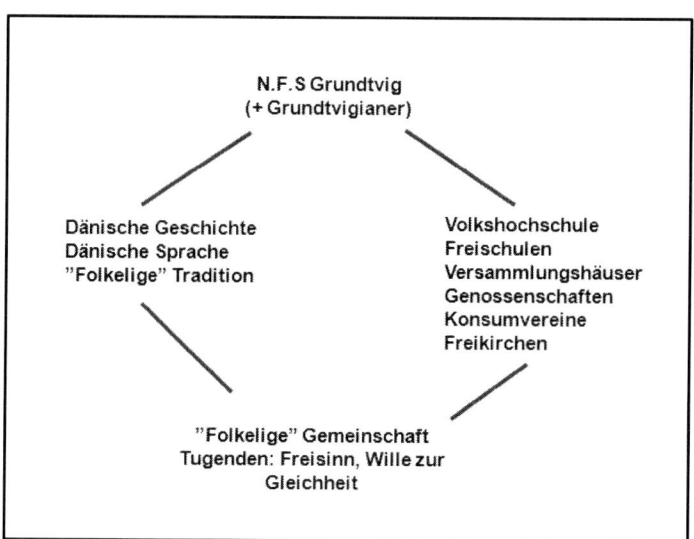

Die liberale, demokratische Tradition erwies sich auch in den dreissiger Jahren im letzten Jahrhundert als stabil. Antidemokratische Tendenzen, die sich besonders in Deuschland bemerkbar machten, setzten sich hier nicht durch. Per Øhrgaard (6) nennt zwei Gründe, warum eine faschistische Diktatur in Dänemark nicht Fuss fassen konnte und zwar die antideutsche Einstellung und die dänischen Sozialisationserfahrungen. Sie trugen dazu bei, dass die Dänen nicht in den Sog der Extremisten gezogen wurden. Uffe Østergaard (7) unterscheidet zwischen einer positiven und negativen Form des Nationalismus, und zwar zwischen Volkstümlichkeit und Populismus. Hier schlugen die Deutschen und Dänen wegen der unterschiedlichen Sozialisationserfahrungen verschiedene Wege ein.

Der bevorzugte Mittelweg

Der geschichtliche Prozess in Dänemark lässt erkennen, dass man von Extremitäten Abstand nimmt und den Mittelweg bevorzugt. Der goldene Mittelweg, die Mediokrität, wurde bereits von Ludwig Holberg (1684-1754) positiv bewertet.(8) Laut Bernd Henningsen ist er der Philosoph der Mitte: *"Holberg ist der Apologet des Common Sense, der, indem er die Mittelmässigkeit zur Tugend erhebt, die geistige Grundlage dafür legt, dass Dänemark (und Skandinavien) relativ immun bleiben gegenüber den ideologischen Massenbewegungen des. 20. Jahrhunderts."*(9) Holberg trug zu einer humorvollen Bodenständigkeit bei, die in Liedern und Gedichten gepriesen wurde. Grundtvig schrieb in einem seiner bekanntesten Texte zu dem Lied: *"Langt højere Bjerge saa vide paa Jord"* von dem Vorteil Dänemarks und der Dänen. Hier heisst es, dass die Dänen nicht dazu berufen sind, *"abzuheben"*, sie benötigen keine Berge, ihnen genügt die flache Ebene, um zufrieden zu sein. Ähnlich wird die Mediokrität in dem Gedicht des H.V. Kaalund (1818-1885) thematisiert: *"På det jævne, på det jævne"*, wo es ebenfalls um die Einfachheit und die Bodenständigkeit geht, da alles andere zum Scheitern und Untergang verurteilt sei. Der Inhalt dieser Lieder und Gedichte ist ein Teil der dänischen Identität geworden, die eine Mehrzahl der Dänen noch immer kennen und auch schätzen.

Ob ein nationaler Charakterzug als positiv oder negativ empfunden wird, scheint jedoch davon abzuhängen, welche Interessen vertreten werden. Im Geschäftsleben wird das Gleichheitsstreben der Dänen von den Respondenten teilweise negativ als Mittelmässigkeit ausgelegt und oft als Hemmschuh angesehen, was sich auch durch das allgegenwärtige *"Jantegesetz"* (jantelov), das von den Interviewten als sehr dänisch empfunden wurde, bemerkbar macht. *"Du sollst nicht glauben, dass du wer bist"*, heisst es in einem der 10 Gebote von Aksel Sandemose(1899-1965). Das besagt, dass eine starke persönliche Profilierung abgelehnt wird. Negativ ausgelegt, kann das *"Jantegesetz"* als Kleinlichkeitskrämerei und als unterdrückend verstanden werden. Positiv gesehen, wird durch die Aussage *"Du sollst nicht glauben, dass du besser bist als wir"* Abstand von Autoritäten genommen.

Unserer Meinung nach zeigt sich das *"Jantegesetz"* auch in der selbstironischen Distanz der Dänen, da die dänische Kultur offensichtlich *"Prahler"* ablehnt. Dies macht sich u.a. in dem Anredeverhalten der Dänen, wo Titel eher verpönt als akzeptiert sind, oder mit dem Umgang von Statussymbolen wie z.B. dem Besitz von grossen luxuriösen Autos bemerkbar. Wie in den Interviews deutlich wurde, hatten die deutschen Respondenten keine Probleme sich über ihren neuen Mercedes oder Audi zu freuen, wohingegen die meisten dänischen Respondenten eher entschuldigend und abwertend auf das Alter ihrer *"Luxuskarossen"* hinwiesen. Obwohl es den Anschein hat, dass diese *"Bescheidenheit"* in der dänischen Gesellschaft zunehmend weniger priorisiert wird, ist jedoch der Unterschied zu Deutschland recht deutlich.

Weiterhin spielte im 20. Jahrhundert die Gleichheitspolitik der sozialdemokratischen Partei während ihrer langen Regierungszeit eine Rolle. Die dänischen Respondenten bewerteten diese Politik teils negativ, da sie durch ihre Steuerpolitik extra Arbeitseinsätze abblocke und hochqualifizierte Ausländer von dem dänischen Arbeitsmarkt fernhalten würde, teils positiv, da sie zu einem demokratischeren Führungsstil, grösserer Gleichheit und zu dem Abbau von Hierarchien auch in den Betrieben führe. 1974 wurde von dem bis zum heutigen Tage bedeutenden sozialdemokratischen Politiker, Mogens Lykketoft, ein Buch publiziert, das den Titel "*Die Forderung nach Gleichheit*" trägt (10).
Die Gleichheit und Freiheit hatte auch zu diesem Zeitpunkt in Dänemark eine grössere Priorität als in Deutschland. Den Ursprung der kulturellen Muster der Dänen erklärt Hal Koch damit, dass man die Kunst der Zusammenarbeit lernte, indem man die ganzheitlichen Interessen höher priorisierte als die eigenen(11).

Der Wille zur Diskussion und der Wille einen Konsens zu erreichen, scheint auch heute noch einer der Stärken, laut einigen Respondenten auch Schwächen, der Dänen zu sein. Beispielsweise sind in Dänemark im Gegensatz zu Deutschland Minderheitsregierungen die Regel und nicht die Ausnahme. In der deutschen Presse wunderte man sich in all den Jahren, wie man unter diesen Bedingungen und mit diesem Risiko regieren könne, unter ihnen die Zeitung "*Frankfurter Allgemeine*", die konstatierte, dass in Dänemark wieder gepokert würde, was man mit dem Konsensbedürfnis der Dänen erklärte. Diese Situationen sind, wenn sie nicht in Chaos ausarten sollen, nur akzeptabel, wenn eine gewisse Toleranz, Offenheit und Kompromissbereitschaft vorhanden ist. Der Hang der Dänen durch Diskussionen zu einem Konsens zu kommen, wird auch in unserem Datenmaterial deutlich. Hier wird die dänische Einstellung *"at man snakker sig til rette"*, d.h. *"man wird sich schon irgendwie einig"*, von den deutschen Respondenten, weil zeitaufwendig, als negativ empfunden. (Siehe Verhandlungsstil)

Ironisch-kritisch schrieb ein Wirtschaftskommentator in der Zeitung *"Berlingske Tidende"*, dass die dänische langweilige, konsenssuchende Art zu leben, keine Leuchttürme hervorbringe, die sich von der Masse unterscheide und neue andere und spannende Möglichkeiten aufzeichne.(12) Darauf angesprochen, konstatierte ein dänischer Manager augenzwinkernd: *"Was sollen wir mit so vielen Leuchttürmen? Wir erreichen sehr gute Resultate im Team."* Generell scheinen die dänischen Interviewpartner den Teamgeist zu bevorzugen.

Die studentische Protestbewegung und der "neue" Wertewandel

Auch in Dänemark wurden Proteste gegen Autoritäten, primär in studentischen Kreisen, laut. Und obwohl die dänische antiautoritäre Bewegung eine gewisse Gemeinsamkeit mit der deutschen aufwies, unterschied sie sich durch weniger aggressive Formen der Protestanwendung. Dafür gab es verschiedene Gründe, beispielsweise reagierte der dänische Staat und die dänische Gesellschaft weniger angstvoll und heftig auf das Konfrontationsgebaren der 68er als die benachbarte Bundesrepublik. Davon zeugt u.a. die Politik der zu dieser Zeit mitregierenden sozialdemokratischen Partei (13), die den Protestlern entgegenkam, indem sie bereit war, durch mehr Demokratie in allen gesellschaftlichen Bereichen Autoritäten abzubauen. Hier wurde ein Staatsverständnis deutlich, das sich durch Bürgernähe auszeichnete.

Das Sicherheitsbedürfnis der Dänen war bedeutend geringer als das der Deutschen, das zeigte sich u.a. darin, dass nicht mit einem Berufsverbot gedroht wurde. Nicht zuletzt fiel die demokratische Haltung des damaligen Rektors der Kopenhagener Universität auf, der mit den Studenten verhandelte und ihren Forderungen nach mehr Demokratie an den Universitäten entgegenkam.

Weiteren Einfluss auf das Ausmass der Protesthandlungen hatte auch, dass der Generationskonflikt in Dänemark weniger eklatant als in Deutschland war, da sie sich nicht mit einer traumatischen Vergangenheit der Elterngeneration auseinandersetzen mussten.
Auch die im Fahrwasser der 68er Generation entstandenen Alternativbewegungen, wie Ökologie-, Friedens-, Antikernkraft- und Frauenbewegungen stiessen in Dänemark politisch und gesellschaftlich auf mehr Verständnis als in Deutschland. Die "*neuen*" Bewegungen erhielten ihre Inspiration zwar ausserhalb Dänemarks, sie gaben ihnen jedoch ihren eigenen nationalen Akzent. Hier fiel die Integrationspolitik der regierenden Parteien auf, die die Forderungen der oppositionellen Gruppen in ihrem Programm weitgehend brücksichtigten. Alternative Gesellschaftsformen, wie z.B. "*Christiania*" etablierten sich in dieser Zeit. Das jahrzehntelange Bestehen dieser "*Freistadt*" zeugt trotz der noch immer andauernden Probleme und zeitweiligen Aggressivitäten zwischen den Behörden und Bewohnern, von einer politischen und gesellschaftllichen Toleranz und dem Willen einen Konsens zu erlangen, der in Deutschland schwer vorstellbar wäre.

Dass die dänischen Behörden, die Mitglieder des dänischen Parlamentes und auch die Gesellschaft sehr repressiv auftreten können, zeigten u.a. die Hausbesetzungen in Kopenhagen. Die Polizei trat in diesen Situationen aussergewöhnlich aggressiv auf und die Besetzer schlugen mit gleicher Aggressivität zurück. In diesem Verhalten scheint sich die Umbruchphase der 80er Jahre, die sich durch Verhaltensinnovationen auszeichnete, bemerkbar zu machen. Tendenziell konnte in diesen Jahren, analog mit den Alternativbewegungen ein Wertewandel registriert werden. Hier schienen die steigende Arbeitslosigkeit und der nahe Binnenmarkt, der eine grössere Konkurrenz für die dänischen Betriebe erwarten liess, die Verhaltensweise der Dänen, beispielsweise durch eine wachsende Konkurrenzorientierung, zu prägen. Weiterhin machte sich in diesen Jahren eine veränderte Haltung Minoritäten gegenüber bemerkbar.

Dänemark – Europa und die nationale dänische Identität

"Wie es nicht ausschliesst, sich als Skandinavier zu fühlen, zuerst jedoch als Däne ... so ist es auch, wenn man sich als Europäer oder Weltenbürger fühlt. Zuerst Dänisch – selbstverständlich"(14)

Laut dem kulturradikalen und europäischen Internationalisten Georg Brandes (1842-1927), der lange Zeit in Berlin lebte und mit den geistigen und gesellschaftlichen Gegebenheiten Europas vertraut war, war es durchaus akzeptabel sich als Europäer zu fühlen, wenn das Fundament der nationalen Identität in Ordnung war. Gemäss P. Øhrgaard wäre Brandes jedoch lieber Europäer gewesen und er habe darunter gelitten, in einem so kleinen Lande geboren zu sein, dass es sich augenscheinlich zunehmend bequem in seiner Bedeutungslosigkeit mache.(15)

Der Wunsch Europäer zu sein, schienen die Dänen jedoch weder mit Brandes noch mit den Deutschen zu teilen. Zwar stellten sie die Weichen für ihren Eintritt in Europa, indem sie sich 1972 mehrheitlich für den Beitritt zur EG entschieden, diese Entscheidung basierte jedoch primär auf ökonomischen Überlegungen, da man sich durch diesen Anschluss wirtschaftliche Vorteile versprach. 1992 lehnten sie durch ein Referendum erstmals den Vertrag von Maastrich ab, der ein Jahr später jedoch mit vier Vorbehalten, darunter die Ablehnung des Euro, angenommen wurde.

Nach der Wiedervereinigung Deutschlands und der veränderten Situation Europas machte sich eine zunehmende europäische Affinität der Dänen bemerkbar, ausserdem war auch die theoretische Option, der Norden, nicht länger gegeben. Aber im Gegensatz zu den Deutschen benötigten die Dänen Europa nicht, um ihre Identität abzustützen. Ihre Geschichte und eine über 160jährige Demokratie trugen zu einem überwiegend positiven Selbstverständnis bei.

Dänisches Weltbild

Norbert Elias formulierte den Nationalstolz der Dänen, obwohl sie im Laufe ihrer Geschichte grosse territoriale Einbusse hinnehmen mussten und ihre Existenz auch zeitweise ernstlich bedroht war, wie folgt: *"Heute haben die Dänen ihre Balance wiedererlangt. Sie finden, dass sie eine nette*

Nation sind, dass es angenehm ist, ein Däne zu sein."(16) Ähnlich sieht das auch der dänische Historiker Østergård, er spricht von *"lilleputselvglæden"*(17) was so viel wie die selbstgefällige Freude eines kleinen Landes bedeutet, denn *"wir sind so klein, wir sind so selbstironisch, wir sind im Grossen und Ganzen die Besten"*(18) konstatierte er humoristisch.

In den letzten Jahrzehnten wurden in dem kleinen Dänemark aber zunehmend Stimmen laut, die wenig mit Grundtvigs *"Freiheit für Loke so gut wie für Thor"* zu tun haben. *"Der Freisinn hat Dänemark verlassen"* schrieb die schwedische Journalistin L. Sundström und bedauerte, dass das von ihr geliebte offene Land, seine nationale Gartentür zugeschlagen und mit dem Schild *"Bissiger Hund"* versehen habe. (19) Auch Bernd Henningsen wies darauf hin, dass Dänemark die Tivoli-Leichtigkeit, das Gemütliche, die philosophische Bissigkeit eines Søren Kierkegaards und auch der Humor der Olsen Bande abhanden gekommen sei. *"Heute hingegen ist die Fremdenfeindlichkeit das am häufigsten genannte Attribut in den auswärtigen Debatten über Dänemark."*(20) Das wird auch in einem Artikel der Wochenzeitung "Die Zeit" deutlich, hier konnte man lesen: *"In der Festung Dänemark – Ein nettes kleines Land wird zum Ziel islamischer Wut, nur wegen ein paar Karikaturen. Unbemerkt davon schürt die dänische Politik seit Jahren Ausländerfeindlichkeit".*(21)

Spätestens seit den Mohammed-Karikaturen, die die dänische Zeitung *"Jyllandsposten"* 2005 druckte, hat das Image Dänemarks nicht nur in den arabischen Ländern gelitten. Aber schon Jahre zuvor fiel die restriktive Ausländerpolitik der Dänen auf, die speziell nach der Wahl, die die Liberalen 2001 gewonnen hatten und auf die Hilfe von Pia

Kjærsgaards rechtskonservative Dänische Volkspartei angewiesen waren, einsetzte.

Das Wochenmagazin "*Der Spiegel*" konstatierte jedoch schon ein Jahr zuvor bei der dänischen Abstimmung zum Euro ironisch: "*Im 19. Jahrhundert, als Kopenhagen noch eine kleine Stadt war, da wurden um zehn Uhr abends die Stadttore abgeschlossen, ... damit die Nachtruhe nicht gestört wurde. Da war die Welt der Dänen noch in Ordnung.*"(22) In diesem Artikel wurde ebenfalls die dänische Ausländerfeindlichkeit angesprochen.

Der Blick auf Dänemark ist in den letzten Jahren kritischer geworden und die Dänen laufen Gefahr, ihr Image als nettes, demokratisches und tolerantes Land zu verlieren.
Einige der deutschen Respondenten führen die restriktive dänische Ausländerpolitik, die anscheinend von einer Mehrzahl der dänischen Bürger unterstützt wird, darauf zurück, dass die Dänen weniger mit fremden Kulturen in Verbindung gekommen seien, als z.B. die Deutschen. Ausserdem nehmen sie an, dass die Dänen befürchten, dass ihr Sozialstaat bei zu grosser Einwanderung in Gefahr sei.

Wir befinden uns in einem dunklen Kapitel in der Geschichte unseres Landes, schreibt Hans Flemming Krag in seinem Buch "*Lorteland*" auf deutsch "*Scheissland*", wo er humorvoll, sarkastisch/bissig und doch sehr liebevoll den dänischen Volkscharakter in Szene setzt. Dabei macht er auf eine neue Eigenschaft der Dänen aufmerksam, nämlich die Angst vor Fremden, die sie nicht glaubten zu haben, bis wirklich welche ins Land gekommen seien. In diesem Zusammenhang weist er auf H.C. Andersens Märchen vom "*Hässlichen Entlein*" hin, dass gepiesackt wurde, nur weil es anders war und man meinte, dass es nicht in die Gruppe passe. (23)

ABSCHLIESSENDE BEMERKUNGEN

Im internationalen Handel kann bei qualitativ und preislich ähnlichen Produkten situativ korrektes Verhalten für den erfolgreichen Abschluss von Geschäftsverhandlungen ausschlaggebend sein. Im Handel mit Mitgliedern der eigenen Kultur wissen die Geschäftspartner, welche Erwartungen an einen Verhandlungsablauf gestellt werden und welches Verhalten akzeptabel bzw. nicht akzeptabel ist. Im interkulturellen Bereich müssen diese Erwartungen und Verhaltensnormen erlernt werden, weil kein gemeinsamer Referenzrahmen besteht, auf den man zurückgreifen kann. Handlungen, die in der eigenen Kultur als korrekt und akzeptabel angesehen werden, können in einer anderen Kultur genau entgegengesetzt gedeutet werden. Dadurch können Missverständnisse entstehen, die keine Vertrauensbasis aufkommen lassen.

Unterschiede zwischen dänischen und deutschen Verhandlungen haben sich vor allem im informellen versus formellen Verhalten gezeigt, das sowohl im interpersonalen Bereich in Form einer personenorientierten bzw. faktaorientierten Haltung zum Ausdruck kommen kann. In der Wertung von mündlichen versus schriftlichen Absprachen haben sich auch Unterschiede ergeben. Die deutschen Geschäftsleute scheinen im Gegensatz zu den dänischen ein grösseres Absicherungsbedürfnis zu haben, das u.a. in der Einhaltung von formalen Regeln zum Ausdruck kommt. Auch im gesamtgesellschaftlichen Bereich lässt sich ein grosses Absicherungsbedürfnis feststellen, was teilweise durch die politischen Umbrüche verständlich wird, die Deutschland im Laufe der Geschichte erlebt hat.

Wie bereits erwähnt, sehen wir den grössten Unterschied zwischen beiden Ländern in der Tendenz zu hierarchischen

Umgangsformen in Deutschland versus egalisierenden in Dänemark, der Einfluss auf das Führungsverhalten in Organisationen und die Einstellung zu sozialen Statushierarchien hat. Auch in der Anwendung der Anredeformen, die in beiden Sprachen die gleichen Differenzierungsmöglichkeiten geben, zeigt sich dieser Unterschied.

Wie der Rückblick auf die geschichtlichen Prozesse in Deutschland gezeigt hat, ist der ehemals autoritäre Staatsapparat und die jahrhundertlange militaristische Tradition immer noch als Restbestand in der Tendenz zu hierarchischen Strukturen und Umgangsformen spürbar. Im Gegensatz zu Deutschland kann Dänemark auf eine lange demokratische Tradition zurückblicken. Die Demokratie in Dänemark war schon in ihren Anfängen bestrebt, das Bewusstsein des Volkes für Gemeinsamkeit und Egalität zu prägen. Diese Egalisierungsbestrebungen wurden von der sozialdemokratischen Partei fortgesetzt und ausgebaut und manifestieren sich, wie das empirische Material gezeigt hat, auch im Geschäftsleben.

Auf den Geschäftsbereich bezogen, erfordert situativ kompetentes Handeln nicht nur Fachwissen, sondern auch die kulturspezifischen Besonderheiten sind von Wichtigkeit, weil Missdeutungen und Fehlurteile dadurch vermieden werden können. Im interkulturellen Bereich wird das eigenkulturelle Regelsystem brüchig, d.h. das Verhalten der Interaktionspartner ist nicht mehr im gleichen Masse voraussagbar und kategorisierbar, wie das im intrakulturellen Bereich möglich ist. In der eigenen Kultur kann man zwar auch dem geltenden Regelsystem zuwiderhandeln, aber das ist dann eine bewusste Handlung und in der Regel kennt man die Sanktionen, die solch eine Handlung mit sich führen kann.

In diesem Zusammenhang drängt sich die Frage auf, ob eine andere Kultur überhaupt erlernbar ist. Der Aufbau einer fremdkulturellen Kompetenz erfordert in erster Linie das Bewusstmachen der eigenen Normen und Werte und deren geschichtliche Verankerung. Dadurch entgeht man der Fallgrube, das eigene Wertesystem auf andere Kulturen zu übertragen, da diese zwangsläufig aufgrund ihres Werdegangs andere Beurteilungskriterien anwenden. Der zweite Schritt zur Erlangung einer fremdkulturellen Kompetenz verlangt ausser Sprachkenntnissen auch Kenntnisse über die spezifischen historischen und gesellschaftlichen Prozesse in der fremden Kultur und deren Auswirkung auf das vorherrschende Wertesystem. Das kann ein sehr zeitraubender Prozess sein, der für Geschäftsleute, die in der Regel Kontakte zu vielen verschiedenen Kulturen haben, kaum durchführbar ist. Funktionell betrachtet sind für diese Zielgruppe die Verhaltensmuster von Bedeutung, die im Kontext von Geschäftsverhandlungen Geltung haben. Dadurch erlangt man zwar keine Kompetenz im gesamtkulturellen Bereich, sondern nur in einem Teilbereich, aber situativ korrekte Handlungen tragen zur Verminderung von Fehldeutungen bei und können durch Schulung erlernt werden. Es lassen sich sicherlich keine eindeutigen Normen aufstellen, wie man z.B. Dänen, Deutschen oder Franzosen gegenüber auftreten muss, denn trotz kultureller Bedingtheit von Verhaltensnormen dürfen die individuellen Eigenschaften nicht übersehen werden.

Wir hoffen, dass der vorliegende praktische Ratgeber nicht nur eine Sensibilisierung für kulturelle Unterschiede, sondern auch einen Beitrag zum Aufbau einer fremdkuluturellen Kompetenz geleistet hat.

ANMERKUNGEN

Vorwort

1) In dieser Zeitspanne haben wir ca. 120 Interviews mit dänischen und deutschen Geschäftsleuten durchgeführt. Die dänischen Respondenten wurden auf Dänisch und die deutschen Respondenten auf Deutsch interviewt. Wir erhielten, abgesehen von einigen wenigen Respondenten, die Erlaubnis, die Interviews auf Band aufzunehmen. Den Respondenten wurde volle Anonymität zugesichert.

Kultur

1) Hofstede, Geert: *Interkulturelle Zusammenarbeit.* 1993, S. 18
2) Freud, Sigmund: Das Unbehagen in der Kultur, S. 267, in: Fragen der Gesellschaft.

    Ursprünge der Religion. Studienausgabe, Band IX
3) Hall, Edward.T. Beyond Culture 1989

Deutscher Geschäftspartner

1) Abenteuer Deutschland-Dänen im Nachbarland, S. 96

Dänischer Geschäftspartner

1) Hugo Gården in: Abenteuer Deutschland. Dänen im Nachbarland, Goethe-Institut Kopenhagen, 2003

Sicherheitsbedürfnis

1) Geert Hofstede: Lokales Denken, globales Handeln, 2006, S. 278
2) Ingeniøren – fredag, den 08.10.1999, S. 23
3) Bjørnskov, Christian, lektor ved Aarhus School of Business in: Mondaymorning, Special Edition, October 2009
4) Schroll-Machl, Sylvia: Deutsche Kulturstandards, Beitrag zum Buchprojekt, 2003
5) Geert Hofstede: ebd, S. 234

Anredeverhalten

1) Arbeiten zur interkulturellen Kommunikation, OBST, Oktober 1987, S. 423
2) www.wiwo.de Vom Duzen und Siezen, 2007
3) Dänische Tageszeitung Politiken, 1. Dezember 2004
4) Abenteuer Deutschland. Dänen im Nachbarland, Goethe-Institut Kopenhagen, 2003, S. 95
5) Das RTL-Magazin. Fernsehsendung vom 27.09.2010

Haltung zu Status, Autorität und Hierarchie

1) Schramm-Nielsen, Jette, Management Consultant in: Mondaymorning, The Danisch Secret, Special Edition, 5 October 2009
2) ebd.

Geschichtlicher Rückblick - Deutschland

1) Guido Knopp/Ekkehard Kuhn: Die deutsche Einheit, 1990, S. Umschlag
2) Hvor blev dannelsen af ? Per Øhrgaard, dänische Tageszeitung Politiken, 1. Dezember 2004
3) Martin Greiffenhagen: Die Aktualität Preussens, 1981, S. 78
4) Theodor W. Adorno et al: Studien zum autoritären Charakter, 1973
5) Eckart Conze: Die Suche nach Sicherheit, 2009, S. 16
6) Per Brückner: Versuch, uns und anderen die Bundesrepublik zu erklären, 1984, S.155
7) Harro Hanolka: Die Bundesrepublik auf der Suche nach ihrer Identität, 1987, S. 113
8) A. Schildt u. S. Detlef: DEUTSCHE KULTUR GESCHICHTE, Schildt, 2009, S. 368
9) Norbert Elias: Studien über die Deutschen, 1990, S. 368
10) Per Øhrgaard: Gæld og arv, 1991, S. 106
11) Jürgen Habermas: Samtalens fornunft, 1987, S. 16
12) Harro Hanolka: Die Bundesrepublik auf der Suche nach ihrer Identität, 1987, S. 57
13) Karl Lamers: Suche nach Deutschland, 1983, S. 55
14) Elin Fredsted: Dein Nachbar, das unbekannte Wesen, 1987, S. 32
15) Lilo Göttermann, Denkanstösse 2009, 2008, S. 31
16) Die Welt, 27. Dezember 2006, S. IV
17) Tyskland er trendy, Syddansk Universitctsmagasin. Ny Viden, 2008, Nr. 4
18) Joachim Gauck: Einheit die ich meine, 2000, S. 86

Geschichtlicher Rückblick – Dänemark

1) Uffe Østergaard: Bønder og danskere. S. 357, in: Historien i kulturhistorien. Kulturstudie 2, Århus 1988
2) Martin Zerlang: Mindefest som massekultur, S. 59, in: Den jyske historiker, 1988
3) N.F.S. Grundtvig, S. 227
4) ebd., S. 2
5) ebd., S. 64
6) Per Øhrgaard: Offizielle Anpassung und inoffizielle Distanz – das Verhältnis Dänemarks zu Deutschland in den letzten 150 Jahren, S. 125-126, in: Die Bundesrepublik Deutschland in der heutigen Welt, 1989, 1990
7) Uffe Østergaard: S. 352-353, (s. Anm. Nr. 1)
8) Ludwig Holberg, 1971, S. 215
9) Bernd Henningsen: Dänemark, 2009, S. 104
10) Mogens Lykketoft (red.), Kravet om Lighed, 1974
11) Hal Koch, 1970, S. 42
12) Berlinske Tidende, Business, 20.06.2010
13) vgl. Kravet om lighed, 1974
14) Georg Brandes, 1902, S. 199
15) Per Øhrgaard, 1991, S. 74-75
16) Norbert Elias, 1989, S. 26
17) Uffe Østergaard, S. 357 /S. Anm. Nr. 1)
18) ebd., S. 317
19) Lena Sunstrøm, Berlingske Tidende, Magazin, 06.12.2009, S. 15
20) Bernd Henningsen: Danmark, 2009, S. 17

21) Die Zeit: In der Festung Dänemark, 09.03.2006, Nr. 11
22) Der Spiegel: Brüssel will uns platt machen, S. 192-196, 38/2000
23) Hans Flemming Kragh: Lorteland, 2005, S 205

LITERATURLISTE

Vorwort:

Rehrmann-Jørgensen, Doris, von der Banck, Marie-Luise: Kulturelle Unterschiede zwischen Dänemark und Deutschland, exemplifiziert an Interaktionen dänischer und deutscher Geschäftsleute, Københavns Universitet, Institut for Germansk Filologi, December 1991

Kultur

Hofstede, Geert: Interkulturelle Zusammenarbeit, Gabler, 1993

Freud, Sigmund: Fragen der Gesellschaft. Ursprünge der Religion. Studienausgabe, Band IX, S. Fischer Verlag, Frankfurt am Main 1974

Hall, Edward T.: Beyond Culture, Anchor Books/Doubleday, Edition 1989

Dänischer Geschäftspartner/Deutscher Geschäftspartner

Abenteuer Deutschland, Dänen im Nachbarland, Goethe-Institut Kopenhagen 2003

Sicherheitsbedürfnis

Bjørnskov, Christian: Mondaymorning, Special Edition, October 2009

Conze, Eckart: Die Suche nach Sicherheit. Eine Geschichte der Bundesrepublik Deutschland von 1949 bis in die Gegenwart, Siedler Verlag, München, 2009

Hofstede, Geert: Lokales Denken, globales Handeln. Interkulturelle Zusammenarbeit und globales Management, 3. Auflage, Beck Wirtschaftsberater im dtv, 2006

Hofstede, Geert: Culture's Consequences, Sage Publications, Beverly Hills 1980

Ingeniøren (Zeitung) – fredag, den 08.10.1999

Schroll-Machl, Sylvia: Deutscher Kulturstandart, Beitrag zum Buchprojekt, 2003

Anredeverhalten

Abenteuer Deutschland. Dänen im Nachbarland, Goethe-Institut Kopenhagen, 2003

Das RTL-Magazin, Fernsehsendung vom 27.09.2010

DUDEN Grammatik. Der grosse Duden, Band 4, 1984

Harms Larsen, Peter: Sku'vi være dus? Sprogbrugsserien, Gyldendal 1976

Knapp-Potthoff, Annelie: Strategien interkultureller Kommunikation. In: Arbeiten zur interkulturellen Kommunikation. OBST, 38, 1987

Politiken, Dänische Tageszeitung, 1. Dezember 2004

www.wiwo.de - Vom Duzen und Siezen, 2007

Haltung zu Status, Autorität und Hierarchie

Mondaymorning, The Danisch Secret, Special Edition 5 October 2009

Geschichtlicher Rückblick – Deutschland

Adorno, Theodor W, et al: Studien zum autoritären Charakter. Suhrkamp Taschenbuch, Frankfurt/M., 1973

Appel, Reinhard (Hrsg.) -Gauck, Joachim-: Einheit die ich meine 1990-2000. H+L Verlagsgesellschaft mbH, 2000

Barthélemy, F. u. Winckler, L. (Hrsg.): Mein Deutschland findet sich in keinem Atlas. Luchterhand Literaturverlag, Frankfurt/M., 1990

Brückner, Peter: Versuch, uns und anderen die Bundesrepublik zu erklären. Verlag Klaus Wagenbach, Berlin 1984

Conze, Eckart: Die Suche nach Sicherheit. Eine Geschichte der Bundesrepublik Deutschland von 1949 bis in die Gegenwart, Siedler Verlag München, 2009

Craig, Gordon A.: Über die Deutschen., Dtv Geschichte, München, 1987

Dalgaard, Bente: Tyskland er trendy. Syddansk Universitetsmagasin. Ny viden, Nr. 4, 2008

Die Welt, 27. Dezember 2006

Elias, Norbert: Studien über die Deutschen. Suhrkamp, Frankfurt/M., 1990

Fredsted, Elin: Dein Nachbar, das unbekannte Wesen. In: Meddelser fra Gymnasieskolernes Tysklærerforening 84. 1987

Göttermann, Lilo (Hrsg.): Denkanstösse 2009. Ein Lesebuch aus Philosophie, Kultur und Wissenschaft, Piper Verlag GmbH, München 2008

Greiffenhagen, Martin. Die Aktualität Preussens. Fischer Taschenbuch Verlag. Frankfurt/M., 1981

Habermas, Jürgen: Samtalens fornuft. Forlaget Rosinante, 1987

Haffner, Sebastian: Preussen ohne Legende. Ein Stern-Buch 1979

Henningsen, Bernd: Der Deutsche wird nie ein guter Däne. In: Die hässlichen Deutschen? Deutschland im Spiegel der westlichen und östlichen Nachbarn. Hrsg. Günter Trautmann, Wissenschaftliche Buchgesellschaft Darmstadt

Henningsen, Bernd: "*Dänemark*". Die Deutschen und ihre Nachbarn. Verlag C.H.Beck München, 2009

Honolka, Harro: Schwarz-rot-grün. Die Bundesrepublik auf der Suche nach ihrer Identität. Beck'sche Reihe, München 1987

Knopp, G. u. Kuhn E.: Die Deutsche Einheit. Traum und Wirklichkeit, Dr. D. Straube GmbH, 1990

Kreitling, Holger: Glückliches Deutschland. In: DIE WELT - 2006

Lamers, Karl (Hrsg.): Suche nach Deutschland. Nationale Identität und die Deutschlandpolitik. Europa Union Verlag, Bonn 1983

Lehmann, Hans Georg: Deutschland-Chronik 1945 bis 2000. Bundeszentrale für politische Bildung, Band 366, Bonn 2000

Øhrgaard, Per (Hrsg.): Die Bundesrepublik Deutschland in der heutigen Welt 1989. Akademisk Forlag. 1990

Øhrgaard, Per: Gæld og Arv. Tre essays om Tyskland. 1991

Øhrgaard, Per: Hvor blev dannelsen af? Politiken, 2004

Palmgren, Ulla Gjedde (red.): Håndbog i høflighed – kulturelle koder i elleve EU-lande. Forlaget Multivers, København, 2008

Plessner, Helmuth: Die verspätete Nation. Suhrkamp Taschenbuch Verlag, 1974

Schildt, Axel + Siegfried, Detlef: DEUTSCHE KULTUR GESCHICHTE. Carl Hanser Verlag. München 2009

Schmidt, Helmut: Ausser Dienst. Eine Bilanz. Siedler Verlag, 2008

Schöllgen, Gregor: Der Auftritt. Deutschlands Rückkehr auf die Weltbühne. Ullstein Buchverlage GmbH, Berlin, 2004

Schroll-Machl, Sylvia: Die Deutschen-Wir Deutsche. Fremdwahrnehmung und Selbstsicht im Berufsleben. Vandenhoeck & Ruprecht, 2003

Spengler, Oswald: Reden und Aufsätze. C.H. Beck'sche Verlagsbuchhandlung. München 1937

Tyskland er trendy. Syddansk Universitetsmagasin. Ny Viden, 2008

Wehler, Hans-Ulrich: Deutsche Gesellschaftsgeschichte, Erster Band 1700-1815. Zweiter Band 1815-1845/49, C.H. Becck´sche Verlagsbuchhandlung, München, 1987

ebd. Das Deutsche Kaiserreich 1871-1918, Kleine Vandenhoeck-Reihe, 1988

Geschichtlicher Rückblick – Dänemark

Brandes, Georg: 12. Bind, Kjøbenhavn 1902

Berlingske Tidende, Business. 2010

Christensen, C. B., Poulsen, N.B. og Smith, P. Sch.: Under Hagekors og Dannebrog. Danskere i Waffen SS 1940-45, Aschehoug. 1998

Danmarks Historie. Bind 10 – 14, Politikens Forlag 1978

Den jyske historiker. Kultur, mentalitet, ideologi. Nr. 29 – 30. 1984

Den jyske historiker. Livsformer og kultursammenstød. Nr. 33, 1985

Den jyske historiker. 1788 i 1988. Tradtionen utro. 1988

Der Spiegel: Brüssel will uns platt machen. 38. 2000

Die Zeit: In der Festung Dänemark. Nr. 11. 2006

Elias, Norbert: Studien über die Deutschen. Suhrkamp, Frankfurt/M. 1990

FOCUS: Dänemark. Am liebsten Rausländer. 48. 2001

Frisind. Festskrift til Asger Baunsbak-Jensen, Poul Kristensens Forlag. 2002

Grundtvig, N.F.S.: Poetiske Skrifter. Femte del. Karl Schönbergs Forlag, Kjøbenhavn 1883

Grundtvig, N.F.S.: Haandbog i N.F.S. Grundtvigs skrifter, 2. H. Hagerups Forlag. København 1930

Grundtvig, N.F.S.: Skrifter i udvalg. Gyldendal 1965

Henningsen, Bernd: Dänemark. Verlag C.H.Beck München, 2009

Holberg, Ludvig: Værker i tolv bind. Bind 10. Rosenkilde og Bagger 1971

Kierkegaard, Søren: Papirer. Bind 8, 2. halvbind. København 1968. (Udkom første gang 1845)

Koch, Hal: Hvad er demokrati? Gyldendals Uglebøger. 1970

Kragh, Hans Flemming: Lorteland. De tog gas på danskerne – fra Holberg til Gintberg. Politikens Forlag. 2005

Lykketoft, Mogens (red.): Kravet om lighed. Fremad. 1974

Øhrgaard, Per: Offizielle Anpassung und inofizielle Distanz – das Verhältnis Dänemark zu Deutschland in den letzten 150 Jahren. In: Die Bundesrepublik Deutschland in der heutigen Welt, 1990

Østergaard, Uffe: Bønder og danskere. In: Historien i kulturhistorien. Kulturstudie 2, Århus 1988

Sunstrøm, Lena: Berlingske Tidene, Magazin, 2009

Thorgaard, Jørgen (red.): Halvfjerdsernes folkelighed. 1974

Würtz Sørensen, Jørgen: Danskerne og andre. Arbejdspapir. Center for kulturforskning v/ Aarhus Universitetet. Aarhus 1988